中华精神家园
悠久历史

古代外交

历代外交与文化交流

肖东发 主编　王金锋 编著

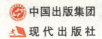

中国出版集团
现代出版社

图书在版编目（CIP）数据

古代外交 / 王金锋编著. — 北京：现代出版社，
2014.11（2020.01重印）
（中华精神家园书系）
ISBN 978-7-5143-3074-8

Ⅰ．①古… Ⅱ．①王… Ⅲ．①外交史－中国－古代
Ⅳ．①D829

中国版本图书馆CIP数据核字(2014)第244308号

古代外交：历代外交与文化交流

总　策　划：陈　恕
主　　　编：肖东发
作　　　者：王金锋
责任编辑：王敬一
出版发行：现代出版社
通信地址：北京市定安门外安华里504号
邮政编码：100011
电　　话：010-64267325　64245264（传真）
网　　址：www.1980xd.com
电子邮箱：xiandai@cnpitc.com.cn
印　　刷：山东省东营市新华印刷厂
开　　本：710mm×1000mm　1/16
印　　张：11
版　　次：2015年4月第1版　2020年1月第3次印刷
书　　号：ISBN 978-7-5143-3074-8
定　　价：40.00元

党的十八大报告指出："文化是民族的血脉，是人民的精神家园。全面建成小康社会，实现中华民族伟大复兴，必须推动社会主义文化大发展大繁荣，兴起社会主义文化建设新高潮，提高国家文化软实力，发挥文化引领风尚、教育人民、服务社会、推动发展的作用。"

我国经过改革开放的历程，推进了民族振兴、国家富强、人民幸福的中国梦，推进了伟大复兴的历史进程。文化是立国之根，实现中国梦也是我国文化实现伟大复兴的过程，并最终体现为文化的发展繁荣。习近平指出，博大精深的中国优秀传统文化是我们在世界文化激荡中站稳脚跟的根基。中华文化源远流长，积淀着中华民族最深层的精神追求，代表着中华民族独特的精神标识，为中华民族生生不息、发展壮大提供了丰厚滋养。我们要认识中华文化的独特创造、价值理念、鲜明特色，增强文化自信和价值自信。

如今，我们正处在改革开放攻坚和经济发展的转型时期，面对世界各国形形色色的文化现象，面对各种眼花缭乱的现代传媒，我们要坚持文化自信，古为今用、洋为中用、推陈出新，有鉴别地加以对待，有扬弃地予以继承，传承和升华中华优秀传统文化，发展中国特色社会主义文化，增强国家文化软实力。

浩浩历史长河，熊熊文明薪火，中华文化源远流长，滚滚黄河、滔滔长江，是最直接的源头，这两大文化浪涛经过千百年冲刷洗礼和不断交流、融合以及沉淀，最终形成了求同存异、兼收并蓄的辉煌灿烂的中华文明，也是世界上唯一绵延不绝而从没中断的古老文化，并始终充满了生机与活力。

中华文化曾是东方文化摇篮，也是推动世界文明不断前行的动力之一。早在500年前，中华文化的四大发明催生了欧洲文艺复兴运动和地理大发现。中国四大发明先后传到西方，对于促进西方工业社会的形成和发展，曾起到了重要作用。

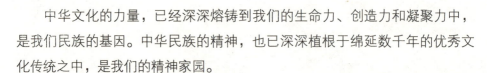

　　中华文化的力量，已经深深熔铸到我们的生命力、创造力和凝聚力中，是我们民族的基因。中华民族的精神，也已深深植根于绵延数千年的优秀文化传统之中，是我们的精神家园。

　　总之，中华文化博大精深，是中国各族人民五千年来创造、传承下来的物质文明和精神文明的总和，其内容包罗万象，浩若星汉，具有很强的文化纵深，蕴含丰富宝藏。我们要实现中华文化伟大复兴，首先要站在传统文化前沿，薪火相传，一脉相承，弘扬和发展五千年来优秀的、光明的、先进的、科学的、文明的和自豪的文化现象，融合古今中外一切文化精华，构建具有中国特色的现代民族文化，向世界和未来展示中华民族的文化力量、文化价值、文化形态与文化风采。

　　为此，在有关专家指导下，我们收集整理了大量古今资料和最新研究成果，特别编撰了本套大型书系。主要包括独具特色的语言文字、浩如烟海的文化典籍、名扬世界的科技工艺、异彩纷呈的文学艺术、充满智慧的中国哲学、完备而深刻的伦理道德、古风古韵的建筑遗存、深具内涵的自然名胜、悠久传承的历史文明，还有各具特色又相互交融的地域文化和民族文化等，充分显示了中华民族的厚重文化底蕴和强大民族凝聚力，具有极强的系统性、广博性和规模性。

　　本套书系的特点是全景展现，纵横捭阖，内容采取讲故事的方式进行叙述，语言通俗，明白晓畅，图文并茂，形象直观，古风古韵，格调高雅，具有很强的可读性、欣赏性、知识性和延伸性，能够让广大读者全面接触和感受中国文化的丰富内涵，增强中华儿女民族自尊心和文化自豪感，并能很好继承和弘扬中国文化，创造未来中国特色的先进民族文化。

青春岁

2014年4月18日

上古时期——纵横捭阖

中古时期——始通世界

近古时期——广交天下

近世时期——半开国门

纵横捭阖

　　春秋战国是我国历史上的上古时期。这一时期是我国思想发展高峰。在这个百家争鸣的时代，出现了一大批著名外交家，如郑庄公、晏婴、张仪、苏秦、蔺相如、范雎。

　　他们为了实现自己的政治抱负，积极奔走，坚持不懈地游说诸侯，以敢于面对强权的勇气和机变百出的辞令，捍卫了国家的主权，维护了个人的尊严。

　　他们的外交实践，不仅为自己的国家做出了贡献，也为后世的外交提供了足可借鉴的历史经验。

郑庄公灵活多变的外交

郑庄公（前757年—前701年），姬姓，郑氏，名寤生，历史上非常著名的政治家。春秋时期郑国第三代国君，前743至前701年在位。郑庄公一生功业辉煌，在位期间，分别击败过周、虢、卫、蔡、陈联军及宋、陈、蔡、卫、鲁等国联军。可谓攻必克，战必胜，使得郑国空前强盛。

郑国之所以在春秋初期扬威一时，是和郑庄公的外交胜利分不开的。郑庄公在外交中运用灵活多变的外交法宝，挟天子以令诸侯，远交近攻，结强制弱、分化瓦解敌方阵营，化敌为友等策略，终于使他在春秋列国纷争中小霸中原。

■春秋生活场景复原

　　郑国位于陕西华县东北。郑庄公执政时，成功地处理了内政方面的问题，实现了国力统一。随后，他通过积极而灵活多变的外交策略，最终小霸中原。

　　郑庄公自幼就没有得到母亲武姜的疼爱，武姜偏爱郑庄公的弟弟共叔段，她多次请求当时的郑武公改立共叔段为太子。郑武公去世后，郑庄公即位，这个矛盾便愈演愈烈，最后共叔段与武姜合谋发动武装袭击。郑国面临着分裂的危险，能否顺利地平定内乱，是决定这个国家能否继续存在和发展下去的关键。郑庄公在得知共叔段叛乱日期后，派公子吕统帅200辆战车讨伐叔段，最后共叔段逃到共国，一场叛乱平息。

　　郑庄公平定内乱，巩固统一之后，便制定了灵活多变的外交方针，从调整与周王室的关系开始，积极向外发展势力。

　　春秋以来，周王室日益衰落。周平王东迁后，天子直辖的"王畿"在戎狄的不断袭扰和诸侯的不断蚕食下，大大缩小了，最后仅剩下位于今河南西部的成周之地，其方圆不过一二百里。

　　郑国虽然到西周末期才被封为诸侯，但与周王室的关系却很深。郑国的第一代君主郑桓公是周宣王的同父异母弟弟。由于这层关系，郑国历代君主都在东周王室内担任卿士，握有重要权力。

在犬戎攻灭周幽王的战争中，郑桓公效忠王室，在骊山下为周幽王战死。郑桓公的儿子郑武公继位后，和晋文侯一起护送周平王东迁。因此，周平王对晋、郑两国一向很倚重。

这样的历史渊源，为郑国的发展创造了有利条件。郑庄公善于利用这一有利条件，在处理与周王室关系时，既利用拉拢又威胁打击。

一方面，郑庄公利用周王室旗号，挟天子以令诸侯。利用周王的军队攻打诸侯，不仅增加了军事力量，更使自己的征伐问罪变得师出有名。

另一方面，郑庄公对周王室又不时加以威胁打击，使其成为手中听话的傀儡。在周平王时就想把朝政大权交给虢公忌父一部分，这引起郑庄公不满，王室与郑国互不信任。后来，周桓王时想把全部政事交给虢公忌父，郑庄公便派人割了周王温地的麦子和成周附近的稻禾。

周王地位虽然动摇了，但面对骄横的郑国也试图振作一下子，于是发动了对郑国的战争，想通过此次战争制服郑国，恢复周天子的权威，结果却被郑国军队打得大败，威风扫地。

郑庄公竭力维护

■ 东周列国志插图

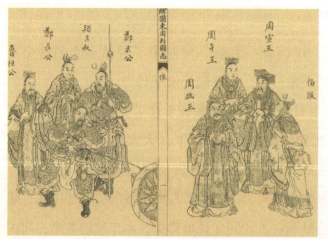

在周王室的地位，利用周王"共主"的名义来为自己国家的利益服务，从而在诸侯中树立了威望。利用这一有利的政治资本，郑庄公对各个诸侯分别采取了不同的外交策略。

■ 春秋时期的车马浮雕

在当时，中原地区的诸侯国大致分成两大集团：一边是郑、齐、鲁三国，一边是宋、卫、陈、蔡四国。对于这些诸侯国，郑庄公采用了远交齐、鲁，以"王师"的名义近攻宋、卫的外交政策。

齐国是当时中原最大的国家，然而齐国地处海滨，与中原地区中心的郑国相隔较远。郑国要向外发展势力，齐国不是绊脚石，相反，如果结好齐国还可以利用齐国，夹攻宋、卫等国，所以郑庄公便极力拉拢齐国。郑庄公在位34年间，与齐国一直保持结盟友好关系，从未发生过战争。

公元前720年冬，齐、郑盟于石门，此后，齐国还在郑、宋、卫三国之间斡旋，使宋、卫与郑言和，并追随郑国伐宋，郑国也曾帮助齐抵御北戎的进攻。

由于郑庄公对齐正确地采取"远交"政策，使得齐国长期与郑国结好，而郑国则利用齐国，使自己成为实际上的霸主。

鲁国也是郑国"远交"政策的一个重要对象。鲁

虢公忌父 东周初期西虢国国君，公爵。当时，郑庄公承袭了父亲郑武公在朝廷的卿士职位。公元前718年，曲沃背叛王室，周桓王命虢公讨伐曲沃，在翼地立晋哀侯。公元前715年夏，虢公忌父始正式成为周朝的卿士。

宋殇公 生年不详，卒于公元前710年。子姓，名与夷，宋宣公之子。他是春秋时期宋国第十五任国君。宋穆公之位传自兄宋宣公，宋穆公为报兄恩，传位于宋宣公之子宋殇公，将其子公子冯送到郑国当人质。宋殇公在位时好战，百姓苦不堪言。

国北凭泰山，东依大海，西南与宋接壤，西北与齐连界，地理形势造成鲁更多的是与宋、齐打交道，而与远方的郑国没有多少直接的利害冲突。当时的鲁与宋是友好盟国，而郑与宋是仇怨之国，为了对付宿敌宋国，郑庄公便想方设法拆散鲁宋联盟。

公元前718年，郑庄公伐宋，鲁公由于对宋使回答不满，拒绝救援，两国关系出现国裂痕。郑庄公利用这个有利时机，派使前来与鲁国商约摒弃前嫌而修新好。

后来，郑庄公将郑国助祭泰山时的汤沐邑和鲁君的许田之邑交换，又把郜、防两地送给鲁国。就这样，郑国和鲁国各自得到自己附近的土地，解决了两国关系中的问题；同时，郑庄公既讨好了鲁国，又为自己赢得了好名声。

在郑庄公的外交攻势下，鲁最终与宋绝交，成为郑国的追随者。郑、齐、鲁从此形成了从西到东横的联合，这是一股强大的政治力量。

■ 春秋时期用于联盟的石圭盟书

宋国是郑国向东扩展势力的最大障碍，两国矛盾由来已久。宋殇公即位时，公子冯出奔郑，郑国想把公子冯送回国为君，宋、郑因此结怨，在此后的若干年里，宋、郑之间战争不断。

郑庄公在位期间，曾经用周王室的军队，打进了宋的外城。宋人为报复而伐郑，兵围郑国的城邑长葛。郑庄公便以王命伐宋。随后又联合鲁、齐再伐宋。结果宋国在戴这个地方被打得全军覆没。后来宋殇公死后，宋人向郑国迎立了公子冯为君，宋、郑斗争告一段落。

郑庄公通过对宋国的一系列战争，炫耀了武力，显示了强大，俨然成为春秋初期的霸主。

郑庄公在春秋初期虽没有做成真盟主，但可以算是准霸主的国家。郑国在郑庄公的领导下，其强大足以使诸侯敬畏，而这正可以表明郑庄公的外交活动取得了极大的成功。

阅读链接

郑庄公对母亲武姜参与共叔段的反叛很生气，一怒之下，把武姜软禁起来，并发誓说："死后黄泉路上再见！"

时隔不久，郑庄公思念母亲，但又不能违背自己发誓说过的话，便整天闷闷不乐。这一天，素有孝名的颍考叔对郑庄公说："国王不必发愁，我有个主意。您可以挖条隧道，下及泉水，您同母亲在那里相见，既见到了母亲，又不违背誓言。"

郑庄公听从了颍考叔的主意，与母亲在隧道里相见，并向母亲请罪。母子又恢复了亲情关系。

不畏强权的外交家晏婴

晏婴（前578年—前500年），字平仲，又称晏子，夷维，即今山东高密人。春秋后期的齐国大夫，国相，以生活节俭，谦恭下士著称。他是春秋后期一位著名的政治家、思想家和外交家，被后世称为晏子。

晏婴在外交中颇为机敏睿智，他的外交生涯有声有色。不管是在国内接待使臣，还是出使他国，他都不卑不亢，有礼有节，用语委婉，既维持了个人人格，又维护了国家尊严。他爱国忧民，敢于直谏，在诸侯和百姓中享有极高的声誉。

■ 外交家晏婴塑像

■ 古代战争场景

晏婴是春秋时齐国人。他的父亲晏弱为齐国大夫，被分封于晏，也就是今天的山东省齐河县的晏城，所以晏弱以晏作为自己的姓氏。晏弱的后代也沿用晏姓，形成了晏姓的一支。

晏弱死后，晏婴继任齐卿，历任齐国三朝的卿相，辅政长达50余年。

晏婴在外交方面主张与邻国和平相处，不事挞伐。齐景公要伐鲁国，他劝景公以礼对待鲁国，以明德政，齐景公于是不伐鲁。此举受到国许多诸侯国的赞誉。

春秋中后期，诸侯纷立，战乱不息，中原的强国晋国谋划攻打齐国。为了探清齐国的形势，晋国便派大夫范昭出使齐国。

卿相 卿和相的统称，指某朝代的执政大臣、高官。卿：是古时高级长官或爵位的称谓。汉以前有六卿，汉设九卿，北魏在正卿下还有少卿。以后历代相沿，清末始废。相：辅助，亦指辅佐的人，古代特指最高的官辅相、宰相或首相。

■ 晏子"二桃杀三士"中的三士墓

古代外交

历代外交与文化交流

晋平公 姬姓，晋氏，名彪。公元前557年至前532年在位。即位之初，与楚国发生湛阪之战，获得胜利。后来，令祁黄羊举贤，祁黄羊先后推荐仇人解狐和儿子祁午，留下"内举不避亲，外举不避仇"的美誉。

齐景公以盛宴款待范昭。席间，正值酒酣耳热，均有几分醉意之时，范昭借酒劲向齐景公说："请您给我一杯酒喝吧！"

齐景公回头告诉左右侍臣道："把酒倒在我的杯中给客人。"

范昭接过侍臣递给的酒，一饮而尽。

晏婴在一旁把这一切看在眼中，厉声命令侍臣道："快扔掉这个酒杯，为主公再换一个。"

依照当时的礼节，在酒席之上，君臣应是各自用个人的酒杯。范昭用齐景公的酒杯喝酒违反了这个礼节，是对齐国国君的不敬，范昭是故意这样做的，目的在于试探对方的反应如何，但还是被晏婴识破了。

范昭回国后，向晋平公报告说："现在还不是攻打齐国的时候，我试探了一下齐国君臣的反应，结果让晏婴识破了。"

范昭认为齐国有这样的贤臣，现在去攻打齐国，绝对没有胜利的把握。晋平公因而放弃了攻打齐国的打算。

靠外交的交涉使敌人放弃进攻的打算，即现在"折冲樽俎"这个典故，就是来自晏婴的事迹。

春秋末期，齐、楚都是大国。有一回，齐王派大夫晏婴去访问楚国。楚灵王仗着自己国势强盛，想乘机侮辱晏婴，显显楚国的威风。

晏婴入朝时，为了嘲讽晏婴短小的身材，楚国派身材高大的武士罗列在两旁迎候。

晏婴对楚国陪同的人说："我是为二国友好交往而来，并不是来与贵国交战的。把这些武士撤下去吧。"

陪同的人只得尴尬地喝退武士。

晏婴进入朝门，楚国几十员大臣等候着。楚郊尹斗成然首先发话："听说齐国在姜公封国时，强于秦、楚，货通鲁、卫，而自从桓公之后，屡遭宋、晋侵犯，朝晋暮楚，齐君臣四处奔波臣服于诸侯。但凭景公之志、晏婴之贤，并不比桓公、管仲差呀，这是为什么？"

晏婴说："兴败强衰，乃国之规律，自楚庄王后，楚国不是也屡次遭到晋、吴两国的打击吗？我们景公识时务，与诸侯平等交往，怎么是臣服呢？你的父辈作为楚国的名臣，不也是这么做的吗？难道你不是他们的后代？"

斗成然羞愧而退。

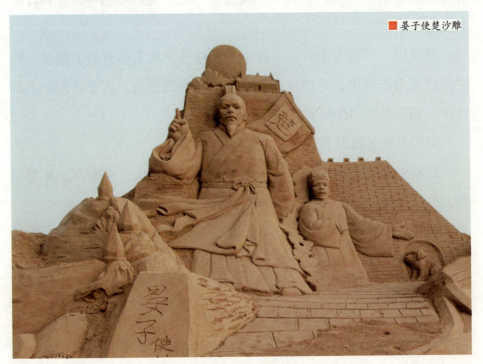
■晏子使楚沙雕

■济南晏公祠供奉的晏子神像

　　楚大臣阳丐上前一步说："听说你很善于随机应变、左右逢源，然而，齐国遭遇崔庆之乱，齐多少忠臣志士为讨伐二人而献出生命？你作为老臣，既不能讨贼，又不能退位，更不能以死相拼，你留在朝廷还有何用？"

　　晏婴说："抱大志者，不拘小节；庄公之死有他自身的错误。我之所以留身于朝中，是要扶助新君立国、强国之志，而非贪图个人的性命。如果老臣们都死了，谁来辅佐君王呢？"

　　阳丐自知无趣退下。

　　楚右尹郑丹上前逼问："你说得太夸耀，崔庆之乱中高、陈等相并，你只是隔岸观火，并不见你有什么奇谋？"

　　晏婴答："你只知其一，不知其二，崔庆之盟，我未干预；四族之难，我正在保全君王，这正是亦柔亦刚，怎么说是旁观呢？"

　　郑丹无话可答。

　　楚灵王的车右囊瓦指问："我听说君王将相，都是魁梧俊美之相，因而能立功当代、留名后人。而你身不满5尺，力不能胜一鸡，你不觉得羞愧？"

晏婴坦然自若地回答："我听说秤砣虽小，能压千斤，舟桨虽长，不免为水浸没；纣王勇武绝伦，不免身死国亡，为什么呢？你自以为高大，还不是只能为楚王御马吗？我虽然不才，但能独当一面，忠心为国效犬马之力。"

囊瓦羞愧难当。

楚大夫伍举见大家难当晏婴，忙解围说："晏婴天下奇才，你们怎么能跟他较劲呢？算了，楚王等着召见呢！"

后来，晏婴与楚灵王斗智斗勇，又是一段佳话！

第一次是楚灵王嘲笑齐国无贤人，竟然派晏婴来出使楚国。晏婴说齐国按国家档次不同派的人也就不同，他是使者中最不中用的。楚灵王没能羞辱到晏婴。

第二次是楚灵王故意抓来了一个齐国的盗贼，并当着大臣的面嘲笑齐国。晏婴却回答说不同的国家出不同的人，我国风调雨顺人民安居乐业，可他一到楚国却就成为了盗贼。楚灵王又没能羞辱到晏婴。

类似上面晏婴出使楚的故事还很多。晏婴凭自己的智慧，挫败了

■晏公祠影壁墙

晏子使楚雕塑

一些国家有辱齐国国格和晏婴人格的阴谋，他的名声也越来越大，成为著名的外交家。

外交无小事，尤其在牵涉到国格的时候，更是丝毫不可侵犯。晏婴以"针尖对麦芒"的方式，多次赢得外交的胜利，不仅是因为晏婴的智慧，还是因为晏婴的背后有一个强大的国家在支撑着着他。

阅读链接

晏子很有智慧。有一次，齐景公问晏子："东海里边，有古铜色水流。在这红色水域里边，有枣树，只开花，不结果，什么原因？"

晏子回答："从前，秦缪公乘龙船巡视天下，用黄布包裹着蒸枣。龙舟泛游到东海，秦缪公抛弃裹枣的黄布，使那黄布染红了海水，所以海水呈古铜色。又因枣被蒸过，所以种植后只开花，不结果。"

景公不满意地说："我假装着问，你为什么对我胡诌？"

晏子说："我听说，对于那些假装提问的人，也可以虚假地回答他。"

张仪的连横外交谋略

战国时期兵荒马乱、诸侯国并立，人们的思想得到空前解放，出现了纵横家、儒家、墨家、法家等诸家百家争鸣的局面。

各家为了实现自己的政治抱负，积极奔走于各诸侯国，为统治者服务。

张仪顺应时势，出仕秦国，在秦国外交舞台光彩夺目，尽显"连横"的外交才华，为秦国统一事业做出了巨大贡献。

■ 战国时期的外交家和谋略家张仪塑像

鬼谷子 名王诩，又名王禅，因隐居清溪之鬼谷，故自称鬼谷先生。春秋战国时期著名的思想家、谋略家、兵家、教育家，是纵横家的鼻祖，是一位极具神秘色彩的人物，被誉为千古奇人。其长于持身养性和纵横术、精通兵法、武术、奇门八卦。

张仪，生年不详，卒于公元前310年，还有说是公元前309年。他出生在战国一动乱时期，他出身卑微，曾师从鬼谷子学习纵横之术，有着杰出的才华和勃勃雄心。

当时的诸侯国为了建立强大的国家，对人才极其需要，秦国就是诸侯国之中最有代表的一个。

秦惠文王礼贤下士、招揽人才，许多秦国以外的"士"，纷纷投向秦国。张仪顺势而出，来到了秦国。

见到秦惠文王，张仪一吐为快，向秦王吐露了自己的"连横"策略。秦王沉浸在张仪所描绘的美丽蓝图之中，于是拜他为客卿，直接参与谋划讨伐诸侯的大事。由此，张仪为实现自己的外交才能迈出了重要的一步。

公元前328年，张仪与公子华带兵攻打魏国，一举拿下魏国的蒲阳城。张仪乘机推行自己的"连横"政策，建议秦王把蒲阳，即今山西隰县归还魏国，并且派公子繇到魏国去做人质，而他将利用护送公子繇入魏的机会与魏王接近，游说魏王投靠秦国。

对魏外交的成功与否，关系着张仪未来的"连横"策略的命运。既然魏在张仪外交思想中如此重要，当然他不能有丝毫马虎。

入魏后，张仪对魏王说："秦国对待魏国可是真心实意的好啊！得到城邑不说，反而又送人质来到魏国，魏国怎么说也不应对秦国失礼呀，应该想办法来报答一下吧？"

"怎样报答呢？"魏王问道。

张仪说："秦国只喜欢土地，魏国如果能送一些地方给秦国，那么，秦国一定会把魏国视为兄弟之国的。如果秦魏结成联盟，合兵讨伐其他诸侯国，魏国将来从别的国家取得的土地肯定会比送给秦国的土地多很多倍。"

魏王被张仪说动了心，于是把上郡15县和河西重镇少梁献给了秦国，从此秦魏和好。张仪的连横政策首战告捷。至此，黄河以西地区全部归秦所有。

张仪回到秦国后，立即被秦王提拔为掌握军政大权的最高官职。公元前326年，秦王任命张仪为将，率兵攻取魏国的陕，并将魏人赶走，同时在上郡筑关塞。这一事件引起魏国的极大惶恐，于是接连两次与齐威王相会，企图依靠齐国对抗秦国。

张仪采取了更为机智的外交手段，于公元前323年，约集齐、楚、魏三国执政大臣相会，试图为魏国调停，以讨好和拉拢魏国。

017

上古时期 纵横捭阖

■ 国家博物馆藏品
《战国纵横家书》

战国纵横家书

■ 张仪塑像

魏惠王接受了张仪联合秦、韩以对付齐、楚的政策。次年，魏太子和韩太子入秦朝见。

为了使魏国进一步臣服于秦国，张仪于公元前322年辞掉秦国相位，前往魏国。魏王因其大名，立即用他为相。

张仪当上魏相国以后，便寻机为秦国拉拢魏王。他说："魏国土地纵横不到千里，士兵不超过30万。大王如果不侍奉秦国，秦国出兵攻打黄河以南，占据卷地、衍地、燕地、酸枣，胁迫卫国，夺取阳晋，那么赵国不能向南支援魏国，魏国就不能向北联系赵国；魏国不能向北联系赵国，合纵联盟的通路就断了；合纵联盟的通路一断绝，那么大王的国家要不危险就不可能了。"

"如果秦国说服韩国攻打魏国，魏国害怕秦国，秦、韩两国一致对付魏国，魏国的灭亡就可以跷起脚来等待了。这是我替大王担忧的问题。"

魏王思量再三，最后同意了张仪的观点。不久，魏王派太子入秦朝见，向秦表示归顺。

张仪在魏国担任了4年相国，于公元前318年又回到秦国，秦惠文王仍然启用他为相。

公元前317年，秦惠王针对五国的合纵攻秦，派樗里疾率秦军在修鱼与魏、赵、韩三国联军决战，联军大败。此后，秦不断进攻韩、赵、魏三国，迫使韩国屈服，魏国的内政也受到秦国干涉。秦国在张仪的"连横"外交谋略运用中越来越强大。

修鱼之战过后，齐国出兵打败了赵国和魏国，并与楚国结成联盟。齐是东方的强国，楚则虎视于南方。因此，齐楚联盟成了秦国的心腹之患。

为了离间齐楚联盟，削弱齐楚力量，达到秦向东扩张这一关键步骤，张仪再次辞掉秦国相位，向南去拜见楚王，施展他的外交本领。

张仪到楚之后，他首先派人买通楚怀王的宠臣靳尚，利用其取得楚怀王信任，然后着手离间齐楚关系。

张仪对怀王说："我们秦王所敬重的人没有谁能超过大王您，即使我张仪愿意为臣下的也首推大王您；我们秦王所憎恶的人没有谁能比得上齐王，就是我张仪也最憎恨齐王。齐国虽然和秦国曾经是婚姻之国，然而齐国对不住秦国的地方太多了。"

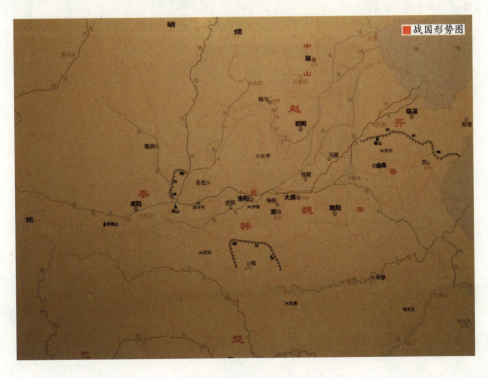

战国形势图

"现在我们秦国想讨伐齐国，所以我们秦王就不能侍奉大王了，我张仪也没法做大王您的臣子。如果大王能够与齐国断绝关系，臣下将请求秦王把商於六百里地方献给楚国。"

"这样，齐国就一定会被削弱，齐国被削弱了，大王就可以使役齐国。这是向北削弱齐国、向西施德于秦，而您自己居有商於之地的一计三利之事情。"

楚怀王十分高兴地应允了张仪。大臣们也都向楚王庆贺，楚国上下皆大欢喜。

张仪虽然说动楚怀王，但楚国不乏有识之士。原来在秦国用事的陈轸，在张仪为相后来到楚国，对张仪的意图非常清楚。他劝怀王不要听张仪之言，以防被欺而又和齐国断绝关系。

但楚怀王早被张仪的说辞所迷惑，又利欲熏心，根本听不进陈轸的意见，他一面派人去齐宣布断交，

■ 战国时期的木车模型

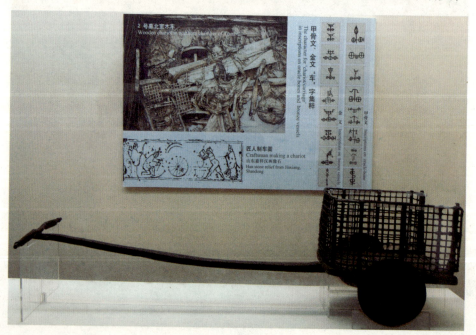

一面派人跟随张仪去接收土地。而且把楚国相印交给张仪。

张仪回秦后，称病3个月不上朝。楚怀王这边得不到土地，以为秦嫌楚与齐断绝关系不够坚决。因此，他特派勇士前去辱骂齐王。齐王大怒，一面与楚彻底断交，一面派人入秦与秦王商议共同伐楚。

目的达到了，这时张仪出见楚国使者，告诉他从某至某，广袤若干里送给楚王。

楚国使者禀报楚怀王。楚怀王一听暴跳如雷，大骂张仪是出尔反尔的小人，气冲冲地要兴兵伐秦。

此时，陈轸又建议楚怀王联秦抗齐。但楚怀王盛怒之下，一心只想报复张仪，又一次拒绝了陈轸的正确意见，派兵进攻秦国。

公元前312年，楚国与秦齐大战于丹阳，结果楚军大败，主要将领共70余人被俘，8万楚军被消灭，汉中郡也被秦夺走。

战败消息传来，楚怀王简直气得发昏。在狂热的复仇情绪的支配下，他调动楚国全部军队进攻秦国。由于孤军深入，楚军又败于蓝田。

这时，韩魏两国也乘机向南进攻楚国，一直打到邓邑。楚腹背受敌，急忙撤军，只好割了两个城邑向秦国求和。

在形势大大有利于秦国的前提下，张仪马上又出使其他几国，使他们纷纷连横亲秦。他也因此被秦王封为武信君。

张仪运用纵横之术，游说于魏、楚、韩等国之间，利用各个诸侯国之间的矛盾，或为秦国拉拢，使其归附于秦；或拆散其联盟，使其力量削弱。但总的来说，他是以秦国的利益为出发点的。

张仪的"连横"战略被秦国后来的统治者继续采用。虽然原本与秦国"连横"的诸侯国后来纷纷背离秦国，重新"合纵"抗秦，但因彼此之间存在的利益冲突，使秦国始终能够以"横"破"纵"，最后将其他六国逐个击破，完成中华民族历史上的第一次统一。

作为一个杰出的外交家，张仪圆满地完成了每次外交任务，从外交战略的层面为秦国统一奠定了基础。

■ 战国玉盟书

■ 战国时期的战争
场景

　　同时，作为纵横家的鼻祖之一，张仪开创了国际关系的新局面，即在军事威慑的前提下，通过和平的外交手段维护国家利益，他的外交策略和雄辩技巧为后世的外交家们提供了一种值得借鉴的范式。

阅读链接

　　张仪从鬼谷子那里学业期满，回到魏国后因不被重用不得已远去楚国，投奔在楚相国昭阳门下。

　　一日，昭阳与其百余名门客出游，饮酒作乐之余，昭阳拿出楚威王赏赐的"和氏之璧"给大家欣赏，不想传来传去，最后"和氏璧"竟然不翼而飞，大家认为，一定是被贫困的张仪拿走了。

　　昭阳严刑逼供，张仪被打得遍体鳞伤。张仪回到家，问妻子："我的舌头还在吗？"

　　妻子告诉他还在，张仪苦笑着说："只要舌头在，我的本钱就在，我会出人头地的。"

苏秦的合纵外交谋略

■ 战国时期纵横家苏秦塑像

　　苏秦是战国时期的洛阳人，当时的洛阳归周王室直属。苏秦最为辉煌的时候是劝说6个诸侯国联合抗秦，其辞令堪称精彩。

　　他曾身佩六国相印，以一己之力促成山东六国合纵，使强秦不敢出函谷关15年，叱咤风云。

　　后世敬仰他的成就，以形象的"苏秦背剑"来命名武术定式，其实就是取其纵横捭阖之意。

■ 鬼谷子讲学

　　苏秦出身农家，素有大志，曾随鬼谷子学习纵横捭阖之术多年。后来苏秦通过刻苦学习，对时局有了全面透彻的掌握，便制定了一系列针对时势的纵横战略，然后开始到各诸侯国去宣传他的"合纵"主张。

　　苏秦到了燕国，对燕文公说："燕国没受到秦国的侵略，是因为西边有赵国挡住秦国。可是赵国要来打燕国，早上发兵，下午就能到。您不跟近邻的赵国交好，反倒把土地送给挺远的秦国，这种做法很不好。要是主公用我的计策，先跟邻近的赵国订立盟约，然后再去联络中原诸侯一同抵抗秦国，燕国才能安稳。"

　　燕文公很赞成苏秦的办法，就给他准备了礼物和车马，请他去和赵国联络。

　　苏秦到了赵国，对赵肃侯说："如今秦国最注目

■ 战国古城墙

赵肃侯 嬴姓，赵氏，名语。战国时期赵国的君主，谥"肃"。即位之时，华夏大地整酝酿着沧桑巨变。他赞同苏秦的纵横主张。这是山东六国合纵抗秦里程碑的一步，极大程度抑制了秦国的侵略。

的就是赵国。秦国不敢发兵来侵犯，是因为西南边有韩国和魏国挡住秦国，要是秦国去打韩国和魏国，韩国、魏国投降了，赵国可就保不住了。"

"赵、韩、魏、燕、齐、楚的土地比秦国大5倍，军队比秦国多10倍。要是六国联合起来一同抵抗秦国，还怕打不过它吗？为什么一个个都送自己的土地去奉承秦国呢？六国不联合起来，单独地向秦国割地求和，绝不是办法。"

"要知道六国的土地有限，秦国的贪心不足。要是您约会诸侯，结为兄弟，订立盟约，不论秦国侵犯哪一国，其余五国一同去帮它。这样，秦国还敢欺负联合起来的六国吗？"

赵肃侯十分赞赏苏秦的计谋，让他掌管国家的外交，还给了他100辆装饰一新的车子、1000两黄金、100双玉璧、1000匹锦绣，让他约请各国诸侯加盟。

正在这时，赵国的边界上来了报告，说秦国把魏国打败了，魏王割让10座城给秦国求和。赵肃侯担心秦国马上要来打赵国，让苏秦想个法子。

怎样才能叫秦国不打赵国呢？苏秦就利用他的在鬼谷子处学习时的同学张仪到秦国去说服秦王连横。张仪对秦惠文王说："要是咱们发兵去打赵国，那么韩、魏、楚、齐、燕一同出兵帮它，咱们该对付哪个好呢？越逼得紧，人家越怕，越害怕就越需要联合起来共同抵抗。还不如去联络六国中的几个诸侯，把多数拉过来再打少数。"

秦惠文王依张仪的建议，暂时就不向赵国进攻了。

赵肃侯知道秦国不来打赵国了，就派苏秦去说服各国诸侯联合起来抗秦。

苏秦到了韩国，对韩王说："韩国可是泱泱大国，方圆900多里，有几十万军队，天下的强弓、劲弩、利剑都出自韩国。韩国士兵双脚踏弩射箭，能连射百发以上。用这样勇猛的士兵，披上坚固的盔甲，张起强劲的弓弩，手持锋利的刀剑，说一个顶百个也不夸张。"

"大王若是屈服秦国，秦国必定索要宜阳、成皋两城，今年满足了它，明年还会要求割别的土地。再给它已无地可给，不给又前功尽弃，要蒙受后祸。"

战国时期战车浮雕

■ 古代车马出行图

"大王的土地有限而秦国的贪欲没有止境，以有限的土地来迎合无穷的欲望，这正是自找苦吃，没打一仗就丢光了土地。俗话说：'宁为鸡首，毋为牛后。'大王您这样贤明，拥有韩国的强兵，而落个'牛后'的名声，那时我在背地里也要为您感到害羞了！"

韩王觉得苏秦说得十分有理。

苏秦到了魏国后，对魏惠王说："大王，您的国土虽然不大，但是城市化的程度真是已经很高了，您看啊，这车马络绎不绝，到处是一片繁荣的景象，不止这样，您还有无数敢死队，个个都是硬汉，您的实力绝不在楚国之下，这样的资源，怎么能拱手让给秦国啊！"

魏惠王听从了苏秦的劝说。

苏秦到了齐国，对齐宣王说："齐国四面都有要塞，方圆2000余里，披甲士兵几十万，粮草堆积如山。相比之下，韩国、魏国之所以十分害怕秦国，是因为与秦国接壤，出兵对阵，作战用不了10天，就

齐宣王（前350年—前301年），妫姓，田氏，名辟疆，战国时期齐国国君。他招揽贤士，着意文化事业的发展。他不惜耗费巨资招致天下各派文人学士来到齐国稷下学宫，使稷下学宫进入鼎盛。

到了生死存亡的关头。韩国、魏国如果打败了秦国，自身也会损伤过半，难守边境；如果败给秦国，那紧接着国家就会面临灭亡的危险。所以，韩国、魏国对与秦国作战十分慎重，常常表示屈服忍让。"

"现在秦国要进攻齐国就不是这样了。它要背向韩、魏，经过卫国阳晋的道路，途经险要地段，战车不能并排前进，战马不能并排奔跑，只要有100人扼守险要，哪怕有1000人也不敢通过。秦军虽然想深入齐国但有后顾之忧，害怕韩、魏在后面谋算它。"

齐宣王说："既然如此，该如何办呢？"

苏秦回答说："圣人做事，能够转祸为福，因败取胜。大王可以听从我的意见，不如归还燕国的10座城邑，并用谦恭的言辞向秦国道歉。当秦王知道大王是因为他的缘故而归还了燕国的10座城邑，一定会感激大王。"

"燕国平白无故收回城邑，也会感激大王，如此，大王不就避开了强敌，反而和他们建立了深厚的友谊吗？再说燕秦都会讨好齐国，那么大王发号施令，天下诸侯又有谁不会听从呢？大王只用话语表示亲近秦国，又以10座城邑取得天下的支持，这可是霸主的事业，也是

战国时期战争场面

楚威王 芈姓,熊氏,名商,战国时期楚国国君。他一生以恢复庄王时代的霸业为事业,力图使楚国冠绝诸国之首。当时楚国的势力至此不仅直推泗水之上,更扩张到长江中下游与江淮地区。楚威王的声望,显赫一时。

相国 我国古代官名。春秋时齐景公设左、右相,相成为齐国卿大夫的世袭官职。以后其他诸侯国也有设置,或称"相国""相邦""丞相"。至汉代,封为王爵者,一般设有王国的一套职官,包括傅及相。傅辅佐国王个人的行动,相管王国内的民事。

所谓转祸为福,因败建功的好办法。"

齐宣王听后非常高兴,于是把燕国的10城送回,随后又送千金表示致歉,并在一路上叩头,希望结为兄弟之邦,恳请秦国赦罪。

苏秦来到楚国,对楚威王说:"楚国其实是个强国。楚国地多,人多,钱也多,这样霸主的资格,是无人能敌的!您和秦国现在势不两立,不如联合其他国家,您做大王,我让那些小国马上给您进贡来,您怎么能放着这眼前的利益都不要,反而要去割地向秦求和呢?"

接着,苏秦又对楚威王分析了合纵与不合纵的种种利害关系。经过一番唇枪舌战后,最终,楚威王也采纳了苏秦的合纵主张。

苏秦威风凛凛地周游列国,"以三寸之舌为帝王师",说得韩、魏、楚、齐各路诸侯怦然心动,趋之若鹜、言听计从。公元前333年,赵、燕、韩、魏、齐、楚六国开始结盟。苏秦作为六国的相国,同时作为纵约长主持了六国联盟仪式。六国诸侯首脑,告拜天地,订了盟约。

苏秦与六国约定互相和睦相处、合纵抗秦之后,回到了赵国,赵肃侯封他为武安君。苏秦把六国合纵的协约送给了秦王,秦王大惊,在15年之中没敢派兵东出函谷关。

苏秦的说辞,汪洋恣肆,犀利流畅,气势磅礴,大有一发而不可收之

■ 战国时期宫廷里的三鸟簋

战国时期的古都城遗址

势。其说辞或夸张，或描写，或排比，或比喻，有时形象对比，有时引经据典，有时渲染气氛，有时动之以情，有时说之以理，从而形成他独特而雄辩的外交辞格。

六国合纵，本来就是从各自的利益出发，所以根基不深。后来，秦国派公孙衍出使齐国、魏国，动员他们一起征伐赵国，以此来破坏六国合纵。苏秦离开赵国，合纵联盟瓦解了。

阅读链接

苏秦年轻时曾在许多地方做事，但没做出什么成绩，连家里人都瞧不起他。苏秦十分伤心，决定从此发愤读书。

他每天天不亮就起床读书，一直到深夜。有时学习时打盹，苏秦怕耽误读书，就准备一把锥子在身边，一有困意就用锥子猛刺大腿一下，这样一疼，他立刻就清醒起来，振作精神继续读书。

这就是"锥刺股"的故事。由于苏秦刻苦读书，后来他又走出家门到外面做官，曾经任战国时期几个国家的相国，成为当时著名的外交家。

蔺相如外交智压秦昭王

蔺相如（前329年—前259年），今山西柳林孟门人，一说山西古县蔺子坪人。战国时赵国上卿，赵国宦官头目缪贤的家臣，战国时期著名的政治家、外交家。

蔺相如以国家利益为重，善于人和，不畏强暴，出使秦国，留下流芳千古"完璧归赵"的故事；他为国家利益，忍辱负重，使大将廉颇"负荆请罪"。

他通过完璧归赵和渑池之会两次外交活动，有勇有谋，软硬得当，进退有据，该回击和争取的地方寸步不让，有理有利有节。在强秦意图兼并六国的时候，让秦国的图谋屡屡受挫。蔺相如为赵国立下了汗马功劳，堪称外交天才。

■ 政治家蔺相如雕像

公元前283年，赵惠文王得到楚国的和氏宝玉。这块宝玉相传为春秋时楚国人卞和在山中发现，原为一块含有宝玉的石块，玉工们都说只是块石头而已，楚国国王因此恼怒，卞和分别被砍去左右脚后抱着璞玉在山中哭泣。

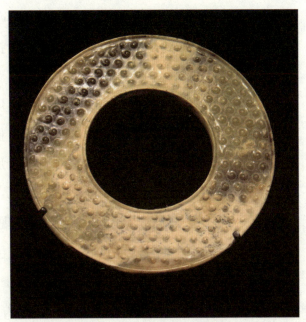

■ 和氏璧

赵惠文王知道后，叫人剖开石头，果然得到一块稀世美玉。因卞和也叫和氏，所以取名"和氏璧"。

秦昭王听说赵国王成了这块宝玉的新主人后，十分想得到这块宝玉，于是派遣使者送信给赵惠文王，信里表示愿意拿秦国的15座城邑来换取这块宝玉。

赵惠文王得到信后，拿不定主意，十分为难。如果把和氏璧送给秦国，恐怕秦国不会真用15座城邑来交换，白白地受到欺骗；如果不给，秦强赵弱，又怕秦国出兵攻打赵国。于是，就把大将军廉颇和其他许多大臣招来，商量对策。大家想派个使者到秦国去交涉，又找不到合适的人选。

正在此时，宦官缪贤推荐自己的家臣蔺相如，说此人智勇双全，不如派他到秦国去。

赵王派人把蔺相如招来，问道："现在秦王要用15座城邑来换和氏璧，可以答应吗？"

卞和 一作和氏。春秋时楚国荆山，今南漳人，"和氏璧"的发现者。相传他在荆山得一璞玉，两次献给楚王，都被认为是石头，以欺君之罪被砍去双脚。后被赵惠文王所救，并得到"和氏璧"。赵国在诸侯中有了更大的资本。

蔺相如说："秦强赵弱，我们不能不答应。"

赵王又问："要是秦王得了璧，却不肯把城交给赵国，又该怎么办呢？"

蔺相如说："确实如此，但秦国用15座城邑来换和氏璧，如果赵国不答应，那就是我们理亏，秦国也正好有借口攻打赵国；要是赵国把璧送到秦国，而秦国不肯把城交给赵国，那么就是秦国理亏。比较一下，最好是答应秦国，把璧送去，让秦国负不讲道理的责任。"

停了一会儿，他接着说："我想大王现在可能没有适当的人选吧，我倒愿意出使秦国，假如秦国真的把城邑交给赵国，我就把宝玉留在秦国；如果秦国不交城邑，我一定把宝玉完完整整地带回来。"

于是，赵惠文王任命蔺相如做使臣，带着和氏璧出使秦国。

秦昭王在秦宫章台接见蔺相如，蔺相如双手捧璧，献给秦王。秦王接过璧，展开包着和氏璧的锦袱观看，果然纯白无瑕，宝光闪烁，雕镂之处，天衣无缝，真不愧是稀世之宝。秦王非常高兴，又依次递给妃嫔、文武大臣和侍从们欣赏。众人都啧啧称赞，欢呼"万岁"，向秦王表示祝贺。

过了很久，秦王却绝口不提以城换璧的事，蔺相如知道秦王绝对

■ 完璧归赵故事浮雕

壁画中的蔺相如

不会以城换璧，心生一计，对秦王说："这块宝玉很好，就是有点小毛病，让我指给大王看。"

秦王听后，就把璧交给他。

蔺相如接过璧，迅速后退几步，身子靠着柱子，愤怒得连头发都快竖起来，义正词严地对秦王大声说道："大王当初想要这块美玉，写信给赵王。答应用15座城邑来交换，当时赵王召集文武大臣商议，都说秦国贪得无厌，仗着势力强大，想用几句空话骗取赵国的宝玉。大家都不同意把璧送来。"

"可我却认为：即使老百姓交朋友，尚且互不欺骗，何况秦国是个堂堂大国呢？再说也不能因为一块璧的缘故而伤了两国的和气。赵王采纳了我的意见，并且还斋戒了5天，写了国书，然后派我作使臣带着宝玉到秦国来。态度如此恭敬。"

"可大王却在一般的离宫接见我，而且态度又这样傲慢。大王把这么贵重的宝玉，随便递给宫女侍从们观看，分明是在戏弄我，也是对赵国不尊敬。"

"我看大王并没有用城换璧的诚意，所以我把它要了回来，如果

大王一定要逼迫我，我情愿把自己的脑袋和这块宝玉在柱子上撞个粉碎！"说罢，举起和氏璧，眼瞅柱子，作势向柱子砸去。

秦王怕蔺相如把璧砸坏，赶忙赔礼道歉，请他不要那样做；一面叫来掌管地图的官员送上地图，秦王摊开地图对蔺相如说，从这里到那里的15座城邑，准备划归赵国。

蔺相如想秦王现在不过是装装样子，绝不会把城给赵国，于是又对秦王说："这块和氏璧，是天下公认的宝贝，赵王非常喜欢，可因为害怕秦国势力强大，不敢不献给秦王，在送走这块璧的时候，赵王斋戒了5天，还在朝廷上举行隆重的仪式。现在大王要接受这块璧，也应该斋戒5天，然后在朝廷上举行九宾之礼，我才能把璧献给大王。"

秦王想到璧在蔺相如手里，不好强取硬夺，便答应斋戒5天，然后，又派人送蔺相如到宾舍去休息。

到了宾舍，蔺相如想到秦王虽然答应了斋戒5天，但一定不会真把城给赵国，于是就选了一名精干的随从，让他穿上粗布衣服，打扮成普通老百姓，揣好和氏璧，悄悄地从小路连夜赶回赵国去了。

再说秦王假装斋戒了5天，就在朝廷上设下隆重的九宾之礼。两边文武大臣排列，传下命令，要蔺相如来献璧。

蔺相如走上朝廷，对秦王行了礼说："秦国从秦穆公以来，已经有21位国君了，没有一个是讲信用的。我怕受大王的欺骗而对不起赵国，所以早派人带璧离开秦国，恐怕现在早已到赵国了。"

秦王听了，十分恼怒。

蔺相如仍旧从容不迫地说："今日之势，秦强赵弱，因此大王一开始派使者到赵国要璧，赵国就不敢违抗，马上就派我把璧送来。如果要是秦国真把15座城邑割让给赵国以换取和氏璧，赵国哪敢要秦国的城邑而得罪大王？"

"现在，我欺骗大王，罪当万死，已不存生还赵国之望，就请大王把我放在油锅里烹死吧，这样也能使诸侯知道秦国为了一块璧的缘故而诛杀赵国的使者，大王的威名也能传播四方了。"

秦王的阴谋被彻底揭穿，又狡辩不得，只好苦笑。秦王左右的大臣卫士，有的建议把蔺相如杀掉，但秦王说："现在即使把蔺相如杀了，也得不到璧，反而损害了秦赵两国的友谊，也有损秦国的名声，倒不如趁机好好招待他，让他回赵国去。"

秦国以后一直不肯把15座城邑割给赵国，赵国自然也就没有把璧送给秦国。

就在蔺相如出使秦国的第二年，也就是公

九宾 的说法有公、侯、伯、子、男、孤、卿、大夫、士，又有王、侯、公、卿、二千石、六百石下及郎、吏、匈奴侍子，还有9位礼宾人员。总之是我国古代外交上最隆重的礼节，有9个迎宾赞礼的官员司仪施礼，并延引上殿。

■ 战国时期士大夫佩戴的青铜剑

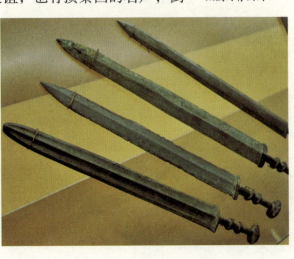

元前282年，秦国派大将白起攻取了赵国的两块地方。在随后的两年里，秦国又派兵攻占赵国的地盘，并在秦赵两国交战中消灭赵国2万多军队。

公元前279年，秦昭王想和赵国讲和，以便集中力量攻击楚国，于是派使者到赵国，约赵惠文王在西河外的渑池见面，互修友好。

赵王非常害怕秦国，不想去参加。廉颇和蔺相如都建议赵王说："大王不去，显得赵国既软弱又怯懦。"

赵王于是动身赴会，并让成功出使国秦国的蔺相如随行。

廉颇带领大军把赵王送到边境。分手之际，他对赵王说："这次大王去渑池，路上来回的行程，加上会见的时间，估计前后不会超过30天。为了防止意外，要是过了这个日期大王还未回来，请允许我们立太子为王，以断绝秦国扣留大王要挟赵国的念头。"

赵王同意了。

廉颇送走赵王后，马上在边境上布置了大量的军队，防备秦国的进攻。

赵王他们到了渑池，见到秦王，双方行过礼，便在筵席上叙谈。酒到中巡，秦王对赵王说："我听说你喜欢弹瑟，就请你弹一支曲子助助兴吧！"

赵王不敢推辞，只好弹了一曲。这时，秦国的御

古代外交

历代外交与文化交流

■ 古代青铜大樽缶

渑池 位于今河南省西部。渑池之名来源于古水池名，本名黾池，以池内注水生黾而得名。春秋时属虢、属郑。战国时韩灭郑，渑池属韩。前279年，秦赵会盟于西河外黾池，今县城西有古秦赵会盟台遗址。

史走了过来，在简上写道：某年某月某日，秦王和赵王在渑池宴会，秦王命赵王弹瑟。

蔺相如见此不悦，上前对秦王说："赵王听说秦王擅长击缶，我这里有个缶，请你敲缶，让大家高兴高兴。"秦王听了勃然大怒，不肯答应。

蔺相如又端起缶走过去，献给秦王。秦王还是不肯敲。蔺相如就说："我离大王只有五步，如果大王不答应，我拼着一死，也要溅你一身血。"意思是要和秦王拼命。

秦王的侍卫看到秦王受到胁迫，慌忙拔出刀来，要杀蔺相如。蔺相如瞪着双眼，大喝一声，吓得侍卫连连后退。

秦王虽然很不情愿，也只好勉强在缶上敲了几下。蔺相如回头叫来赵国的御史，让他也把这件事情记下来：某年某月某日，赵王和秦王在渑池宴会，赵

白起 楚白公胜之后，故又称公孙起。生于战国时的郿，即今陕西省眉县。战国时期秦国兵家奇才，赫赫战神。我国历史上自孙武和吴起之后又一个杰出的军事家和统帅。

■ 廉颇向蔺相如负荆请罪塑像

古代青铜战马浮雕

王命秦王敲缶助兴。

秦国大臣们见秦王没有占便宜，就说："请赵王献出15座城邑为秦王祝福！"

蔺相如马上想到了秦国的都城咸阳，就说："请秦王拿咸阳为赵王祝福！"

一直到酒筵结束，蔺相如为了维护国家的尊严，机智勇敢地同秦国君臣进行了针锋相对、不屈不挠的斗争，挫败了秦国的图谋。秦国也知道廉颇率领大军驻扎在边境上，使用武力也得不到好处，便只好恭恭敬敬送赵国君臣回国。

渑池之会后，相如以功授官为上卿，位在廉颇之上，廉颇不服气，以至于有后来的"负荆请罪"。

蔺相如凭着出色的外交才能和大智大勇，不但捍卫了国家利益，维护了国家尊严，还狠狠教训了一下不知天高地厚的秦国。

阅读链接

渑池会结束以后，赵王封蔺相如为上卿，位在廉颇之上。廉颇很不服气，并扬言说要当面羞辱蔺相如。蔺相如听到后，总是躲着廉颇，不肯和他相会。

廉颇的门客问起这事，蔺相如对门客说："强大的秦国之所以不敢攻打赵国，就是因为有廉将军在。我之所以这样忍让，就是为了要把国家的急难摆在前面，而把个人的私怨放在后面。"

廉颇听说后深感羞愧，他脱去上衣，光着身子背着荆条，来向蔺相如请罪。二人和好，成为生死与共的好友。

范雎远交近攻外交战略

范雎，生年不详，卒于公元前255年，字叔，战国时魏国人。著名政治家、军事谋略家。封地在应城，今河南鲁山之东，所以又称为"应侯"。范雎是战国末期秦国外交名家。他上承秦孝公时变法图强之志，下开秦始皇统一帝业，是秦国历史上继往开来的一代名相。

他是我国古代在外交方面极有建树的谋略家，其"远交近攻"之策，是他对秦国的伟大贡献，也是我国古代兵家计谋和军事谋略学的宝贵遗产。正是在这一策略的指引下，秦国才一步一步完成了统一大业。

秦朝丞相李斯在《谏逐客书》中曾高度评价范雎对秦国的建树和贡献："昭王得范雎，强公室，杜私门，蚕食诸侯，使秦成帝业。"

■秦国外交名家范雎画像

■ 战国时期的说客浮雕

范雎原为魏国人，当初，他很想为魏国建立功业，只因家贫无法得见魏王，便投在中大夫须贾门下当门客。

魏昭王让须贾出使齐国，命范雎随往。到达齐国后，范雎的雄辩之才深得齐王敬重。齐王想留下他任客卿，还赠送黄金十斤，牛、酒等物，但都被范雎谢绝了。

不料须贾心胸狭隘，怕范雎抢占头功，回国后不仅不赞扬他的高风亮节，反而向国相魏齐诬告范雎私受贿赂，向齐国泄露魏国秘密。

魏王大怒，命人毒打范雎，还把他丢在厕所里，使他受尽侮辱。但他机智地买通看守，谎称已经死去，逃出了"地狱"，化名藏匿于民间。

范雎避祸时正值战国末期，七雄争霸。秦国经商鞅变法之后，势力发展最快，到秦昭王时，开始图谋吞并六国，独霸中原。

公元前270年，秦昭王准备兴兵伐齐。第二年，秦昭王派遣王稽出使魏国。这时，范雎的朋友郑安平趁机向王稽推荐了范雎。在王稽与范雎一夜长谈之后，认定范雎是个不可多得的人才，几经磨难，将他带回了秦国。

到了秦国后，范雎通过王稽献书秦昭王。他在信中说道："我听说英明的君主执政，对有功于国者给予赏赐，有能力的人委以重任；功大者禄厚，才高者爵尊。故不能者不敢当职，有能者也不得蔽隐。而昏庸的君主则不然，赏其所爱而罚其所恶，全凭一时感情使然……"

"我听说善于使自己殷富者大多取之于国，善于使国家殷富者大多取之于诸侯。如果天下有了英明的君主，那么诸侯便不能专权专利了，这是为什么呢？

■ 战国时期的竹简

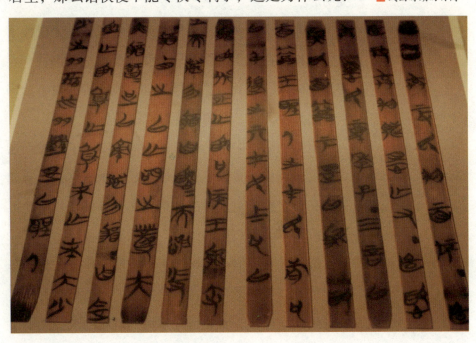

■ 战国时期的军队
作战场景塑像

舜 我国传说中父系氏族社会后期部落联盟领袖。舜，也称虞舜，生于姚地，今河南濮阳，以地取姓氏为姚。姚姓族人是黄帝、舜的后裔。舜帝是中华民族的共同始祖。他不仅是中华道德的创始人之一，而且是华夏文明的重要奠基人。

因为明主善于分割诸侯的权力。良医可以预知病人之死生，而明主则可以预知国事的成败。利则行之，害则舍之，疑则少尝之，即使是舜禹再生，也不可能改变呀！"

"有些话，在这封信里我是不便深说的，说浅了又不足以引起大王的注意……我希望大王能牺牲一点游玩的时间，准我望见龙颜。如果我所讲的对于治国兴邦之大业无效，我愿接受最严厉的惩罚。"

范雎的话击中了秦昭王的心病。秦昭王处在宗亲贵戚的包围中，贵族私家富厚日趋重于王室，早有如芒刺在背之感，对这样的谏词自然十分关切。由此可见，范雎不仅胸藏治国韬略，而且工于心计。

秦昭王看了信很高兴，听了王稽的建议，派专车去接范雎。范雎来到秦宫，接待他的规格很高，秦王亲自到大厅迎接。因此，凡是见到范雎的人，无不肃然起敬，刮目相看。

秦王屏退左右，宫中只剩下他们两人，秦王跪身向范雎请求说："先生怎样来教导我呢？"

范雎只是"嗯、嗯"两声。

过了一会儿，秦王再次请求，范雎还是"嗯、嗯"两声。就这样一连三次。秦王又拜请说："先生难道真的是不教我了吗？"

范雎试出了秦王的诚心，便巧妙地颂扬秦国开始，经过充分的铺垫，最后才点出了秦国的弊端隐患："大王现在紧闭关口，不敢出兵对付山东诸侯。长此以往，大者宗庙倾覆，小者自身孤危。这是臣最恐惧的。"

其实，这些弊端虽确有之，但属细枝末节，并非治理秦国的当务之急。范雎所以要论及此事，意在用"强干弱枝"，即主要颂扬秦国以迎合秦昭王。秦昭

禹　姒姓，夏后氏，名文命，号禹，后世尊称其为大禹，是黄帝轩辕氏玄孙。通过禅让制得到帝位。大禹为了治理洪水，长年在外与民众一起奋战，置个人利益于不顾，治水13年，耗尽心血与体力，终于完成了这一件名垂青史的大业。

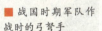
■ 战国时期军队作战时的弓弩手

客卿 古代官名，春秋战国时授予非本国人而在本国当高级官员的人。秦有客卿之官。请其他诸侯国的人来秦国做官，其位为卿，而以客礼待之，故称。战国中后期很多秦国人也担任客卿，主要是执行对抗诸侯的战争、外交事务，也可称上卿等卿相。

王果然与他推心置腹。

范雎虽已取信于秦昭王，但因初入秦国，尚不敢深涉内政，所以处处细心，观察秦王俯仰。

不久，范雎再次觐见秦昭王，他从分析秦国的优势入手，既使秦昭王感到欣慰，也使他感到警怵，因而没等范雎说完，秦昭王便恭恭敬敬地说："寡人愿闻其详。"这时，范雎才向秦王建议，在外交上应该采取远交近攻的战略。

范雎的"远交近攻"，就是当实现军事目标的企图受到地理条件的限制难以达到时，应先攻取就近的敌人，而不能越过近敌去打远离自己的敌人。为了防止敌方结盟，要千方百计去分化敌人，各个击破。

消灭了近敌之后，"远交"的国家又成为新的攻击对象了。"远交"的目的，实际上是为了避免树敌过多而采用的外交诱骗。远交近攻，是分化瓦解敌方联盟，各个击破，结交远离自己的国家而先攻打邻国的战略性谋略。这就是范雎远交近攻的著名战略主张。

范雎还为这一战略原则拟定了具体的实施

■ 战国时期的宫墙复原图

步骤。第一，就近重创韩、魏，以解除心腹之患，壮大秦国势力；第二，北谋赵，南谋楚，扶弱国，抑强敌，争夺中间地带，遏制各国的发展；第三，韩、魏、赵、楚依附于秦之后，携五国之重，进而威逼最远且是当时最强的对手齐国，使其回避与秦国的竞争；第四，在压倒各国的优势下，最后逐一消灭韩、魏诸国，最后灭齐，统一天下。

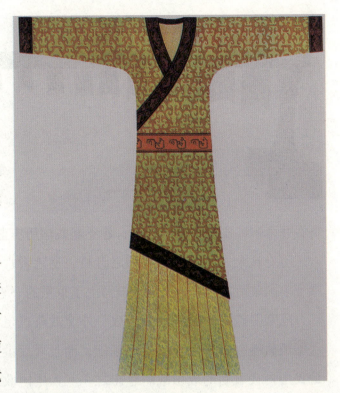

■ 战国时期贵族的服饰

秦王一听，赞叹地说："太好了！"

秦王很欣赏范雎的外交主张，拜范雎为客卿，让他参与国家大政。随后，秦王按照既定战略，开始了兼并六国的行动。

公元前268年，秦王用范雎的计谋，派兵伐魏，攻克怀地，2年后攻克刑丘。公元前265年，秦军又发兵占领韩国的高平、南阳、野王等地，将韩国拦腰斩断，使整个上党地区完全孤立起来。

秦国在战争中获得了人力、物力等方面的巨大补偿，实力更其强盛，因而东进步伐大大加速，扩大了对赵、楚两国的战争规模。到了公元前221年，秦始

上党 位于山西省东南部，是古时对长治的雅称。因其地势险要，自古以来为兵家必争之地，素有"得上党可望得中原"之说。公元前402年，魏、赵、韩三国分晋，上党归韩。但强大起来的秦从公元前280年开始，吞食上党之口已经张开。

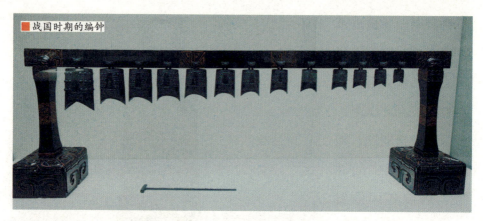

皇吞并六国，实现了全国统一，建立起我国历史上第一个封建王朝。

历史是个古怪的老人，顺之者昌，逆之者亡。范雎相于秦，恰恰顺乎中国政治之大势，所以才被写上了重重的一笔。

范雎明确提出的"远交近攻"外交战略思想，不仅为秦逐个兼并六国最后统一中国奠定了战略基础，而且对后世也有着深远的影响，是我国古代著名的成功战略思想之一。为中国政治、外交思想史增添了光辉的一页。

阅读链接

范雎在魏国时曾遭须贾陷害，被魏王暴打后丢入厕所。范雎逃出后做了秦国丞相，魏人谁也不知此事。后来魏国听说秦国要来进攻，就派须贾出使秦国。范雎听说须贾来了，就乔装打扮，穿一套旧衣服来见须贾。

须贾见他贫寒，取一件粗绸袍子送他。须贾要见丞相，范雎与他一同乘车来到相府门口，范雎先入，须贾问明情况，才得知范雎为丞相，心中惊恐万分。

范雎指明了他的罪状，并说："今天免你一死，是由于你送我一件粗绸袍子。"

秦汉至隋唐是我国历史上的中古时期。这一时期，随着秦始皇开拓海疆和秦汉时期丝绸之路的海陆齐开，我国的外交事业冲出亚洲，走向世界，取得了举世瞩目的成就。

尤其是隋唐时期，由于国力强盛，经济文化处于世界领先地位，加之政府开明的对外政策，对各国产生了巨大吸引力，对外交往空前发达。

其中的许多优秀外交家如徐福、张骞、裴世清、鉴真和玄奘等，他们的外交贡献体现了我国中古时期外交的成就，也对世界产生了极为深远的影响。

中古时期

始通世界

秦代陆通南北与开拓海疆

■秦始皇赢政

秦代外交领域的活动主要是加强境内民族往来和开拓海疆。秦代对岭南、西南和北方等边远地区的开拓，理顺了境内各民族之间的关系，使战国后期的民族矛盾得到了解决，使秦朝的疆域得到了巩固。同时，加强了各民族之间的友好往来，促进了这些地区的稳定和发展。

秦代还开拓海疆，海上丝绸之路的开辟，开始了我国与世界各国的首次接触，为后来经贸的发展奠定了良好基础。

■ 秦始皇封禅浮雕

秦始皇在兼并六国之后，为了解决长久以来的民族矛盾，稳定和发展边远地区，首先开始了开拓岭南的大规模军事行动。

在当时，秦始皇派遣国尉屠睢发兵50万，兵分5路，水陆并进，但抵达南岭后，却遭到了西瓯等族人的顽强抵抗。另外军粮的转运受阻，致使秦军粮食匮乏，无力作战。

为了解决这一严重问题，秦始皇乃命监御史禄凿渠通道，修成了灵渠。

灵渠大约修成于公元前219年。这一工程的兴建，直接解决了军粮转输的困难。秦军得到沿湘江、经灵渠运抵岭南的大批粮饷与物资的接济，才得以深入西瓯，基本控制这一地区。

在此基础上，秦始皇又征发流亡的人、奴隶及商人，把他们安置在桂林、象和南海3郡，基本上统一了岭南。后来，秦二世时又征集1.5万名未婚妇女至岭南，这些女子们后来都与将士和当地人成了婚，建了家，立了业，不再回北方去。秦还一再大批地迁徙刑徒和内地民众到这里屯戍垦殖。

灵渠　古称秦凿渠、零渠、陡河、兴安运河，于秦代凿成通航，位于今广西壮族自治区兴安县境内，流向由东向西，将兴安县东面的海洋河和兴安县西面的大溶江相连，是世界上最古老的运河之一，有着"世界古代水利建筑明珠"的美誉。灵渠现在仍然发挥着功用。

赵陀归汉浮雕

　　大批内迁民众南迁之后，在那里任职的秦朝地方官为民办了不少好事、实事。比如：掘井筑城，设衙修路；传播先进的中原文化和文明；推广先进的生产力和农耕技术；改善越人居住条件；培养和起用越人做官；维护了良好的社会治安；推广优良品种；迁汉人与越人杂居，鼓励士卒与中原人和越人通婚；等等。

　　这些措施，稳定和发展了岭南地区，促进了中原文化的传播和民族融合，影响深远。今天许多外来的游客高度评价岭南真是人杰地灵，山美，水美，人更美，这实际与中原人与当地人成婚，不断地繁衍生息，世代相传是分不开的。

　　成功开拓了岭南后，秦代又开凿五尺道，打通了通往西南的道路。当时的西南地区，主要包括今贵州、云南、四川一带，分布着许多少数民族，秦汉时期统称之为西南夷。秦并六国后，为了加强与西南各族人民的交往，秦始皇派人开凿了一条从今四川宜宾通往云南滇池一带的栈道，因其处在险恶之地，道阔仅有5尺，故名"五尺道"。

　　五尺栈道开通后，秦皇朝的势力直接抵达且兰、夜郎、邛都、昆明等地，并在这里设官置吏，建立行政机构。与此同时，秦又经略蜀郡，治今四川成都，加强了与邛都、筰、冉的联系，并使之纳入了郡县制的行政系统。

从此以后，西南少数民族地区不仅密切了与内地的关系，而且成为了统一多民族国家的一部分。

秦代除了加强与南部边远地区的往来以外，还为了安定北边，北击匈奴。

匈奴是我国古代多民族国家的一个强大的游牧民族。他们主要活动于蒙古高原和南至阴山、北抵贝加尔湖的广袤地区。

以头曼单于为代表的匈奴贵族统治者，曾经派兵占据了战国末期赵国的大片区域，并继续南下侵扰。秦朝建立后，匈奴奴隶主贵族的侵扰日益加剧，这是对刚刚建立的秦皇朝北边的严重的威胁。

为了解除侵扰，安定北边，维护国家的统一，秦

头曼单于 匈奴单于。当政时辖地东与东胡、南与秦、西与月氏为邻。公元前215年，秦派蒙恬进取河南地，头曼率部属北徙，秦末边防松弛，头曼又悄悄南进。公元前209年被其子冒顿所杀。

■秦时期全图

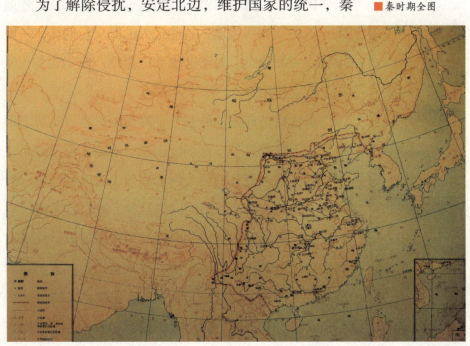

始皇命蒙恬发兵30万，大举出击。在反击战斗中，蒙恬采用了集中兵力，穷追猛打，速战速决的作战原则，很快的就收复了河南地以及榆中一带的广大地区。

接着，他率军渡过黄河，乘胜追击，进抵高阙。高阙即今内蒙古临河县北的狼山口。这里原是赵国的军事要地。

秦军在夺回高阙后，又收复了阳山和北假，直抵阴山一带的广大地区，并在这里分设34县，重新建立九原郡，使其统辖北抵阴山，南至河南地以北，东邻云中的大片边地。同时，秦朝又徙去大批刑徒，还鼓励一般民众移居边地。这些迁去的民众与刑徒，一面屯垦，一面戍边，对于开发北方边地，充实武备，发挥了重要作用。

秦代反击匈奴的胜利，是对匈奴贵族侵扰势力第一次最沉重的打击。这场反击战，解除了匈奴奴隶主贵族的侵扰与破坏，使今河套内外，大河南北的广大地区，在一个相当长的时间内摆脱了兵祸的灾难。

这对于我国古代统一多民族国家的形成，促进这些边远地区经济文化的发展，保护包括匈奴人民在内的各族人民生命财产的安全，是有积极意义的。

秦在胜利击败匈奴贵族的侵扰之后，为了巩固在

古代外交

历代外交与文化交流

■ 蒙恬 祖籍齐国，山东人。秦始皇时期著名将领。他收复河套地区，成为祖国西北最早的开发者，同时他也是古代开发宁夏第一人。曾经修筑长城，在北部边陲防御匈奴多年，威震北方，使"胡人不敢南下而牧马"。被誉为"中华第一勇士"。

战场上取得的成果，秦始皇又命蒙恬主持修筑了我国历史上最大的军事防御工程万里长城。

长城修筑后，虽未能阻挡匈奴贵族的南下，但在当时的历史条件下，还是起过一定的防卫作用。同时，长城本身作为伟大的建筑工程遗留后世，则是我国古代劳动人民富于智慧和独创性的见证。

秦代的陆路开拓，使它的势力东至海暨朝鲜，西至临洮、羌中，南至位于北回归线以南的北响户，北据为塞，并阴山至辽东，从而形成了一个辽阔的疆域。秦代还致力于开拓海疆，利用已有的东海起航线，进一步加强了与海外的贸易往来，开辟了海上丝绸之路。

海上丝绸之路是古代我国与外国交通贸易和文化交往的海上通道。当时主要有东海起航线，是已知的最为古老的海上航线。

河南地 指秦时河套以南之地，但并不等于今日之河套平原，因为古时黄河干流走今乌加河，而非今日的河道。公元前215年，发动秦朝北击匈奴之战，将军蒙恬领兵30万，获取"河南地"。

■ 匈奴骑兵图

■ 南越王塑像

赵佗（约前240年—前137年），秦朝恒山郡真定县，今河北省正定县人，他是秦朝著名将领，南越国的创建者。赵佗是南越国第一代王和皇帝，公元前203年至公元前137年在位，号称"南越武王"或"南越武帝"。

东海起航线最早始自周武王灭纣，建立于周王朝的公元前1112年，当时周王封箕子到朝鲜，从山东半岛的渤海湾海港出发，到达朝鲜，教其民田蚕织作。

秦在完成平定岭南的大业后，在岭南设南海郡、桂林郡、象郡三郡，并以南海郡为中心，逐步发展起繁荣的岭南经济圈。

秦末，北方征战不休，岭南地区由赵佗统治，史称南越国，是当时少有的和平地区。赵佗利用东海起航线加强对外往来。

当时的南越国是南岛人种的发源地。先秦时代称之为百越民族，是世界上分布最广的民族之一，他们拥有优秀的航海经验和冒险精神，足迹遍及太平洋和印度洋，史前时代起即开始了向远洋迁徙，马达加斯加、夏威夷、新西兰均有分布。而秦代南越国的海路西探，已经到达东南亚诸国，并且到达印度。

当时岭南地区主要出产丝绸类纺织品。赵佗为寻找重要的军需物资铁资源，开始谋求海上路线，以便通往西方国家，开展贸易活动。海上丝绸之路由此形成规模。

通过这条贸易通道，赵佗将岭南地区的丝绸向西方输出，以此换取了各种物资。在中国对外输出的同时，希腊工匠也通过这条通道来到中国，参与了南越王宫殿的建造。

后来的考古工作者们在广州的南越王墓中出土的希腊风格银器皿，以及在南越国宫殿遗迹发掘出来的石制希腊式梁柱，就是相当好的证明。

秦始皇画像

除了赵佗利用海上丝绸之路与海外进行贸易往来外，秦始皇兵吞六国时，齐、燕、赵等国人民为了逃避苦役而携带蚕种和随身的养蚕技术不断泛海赴朝，更加速了丝织业在朝鲜的传播。

秦代对岭南、西南以及北方等边远地区的开拓，沟通和理顺了各民族的关系，使各族人民生活在一个辽阔的疆域里，在同一个国家政权的管理之下，从而形成了一个统一多民族的大国，这不论是在中国还是世界上都具有极为巨大而深远的意义。而秦代海上丝绸之路的利用和发展，使我国古代外交沟通更加广泛，为后来汉代陆上丝绸之路的开辟，做了商业与文化信息上的准备。

阅读链接

秦始皇叫嬴政，在建立秦国之前人称秦王政。当时有一个叫尉缭的人求见秦王政。尉缭是魏国大梁人，是当时著名的军事理论家、游说家。

传说尉缭曾拜鬼谷子为师，学成后隐居山林。他向秦王政讲述了一些外交之道，收买六国高官重臣的外交手段是他所提出来的。秦王政很高兴，下令重赏尉缭。

哪料尉缭对秦王政的评价却并不高，说他"少恩而虎狼心"。

秦王政不但没有惩罚他，反倒仍然封他做了大官。秦王政的胸襟由此可见一斑。

徐福东渡的皇家探险活动

■秦朝著名方士徐福塑像

在秦代的对外交往中，徐福东渡东瀛可以说是一次壮举。

徐福即徐市，字君房，齐地琅琊，今江苏赣榆人。他是鬼谷子先生的关门弟子。

他是秦朝著名方士，博学多才，善于文学辩才，通晓神仙方术，精通医药学、炼丹、观相、天文、气象、航海等知识。

他带领船队穿越海峡到达日本，并在那里定居，将我国的先进技术和文化传播到了日本，对日本文明的发展产生了巨大的影响。

秦始皇在第一次巡游海上时，曾派徐福出海远航东瀛。历史上曾经将这次远航看作是秦始皇派其出海寻仙，求长生不死之药。然而，徐福东渡东瀛的目的其实是一个流传了2000多年的传说。

■ 秦始皇求仙入海塑像

刚刚完成统一大业的秦始皇并不信鬼神，他不需要像三皇五帝那样去借助鬼神的声名来维系统治。作为一个吞并六国，建立秦帝国的始皇帝，秦始皇有理由坚信：以自己的治国方略就可以令国家安定。

而祈求长生不老，只是他随着年纪的增长而滋生出来的愿望而已。所以，徐福出海就不是寻仙求药那么简单了。

事实上，徐福出海的真正目的，是奉秦始皇之命开拓海疆的。虽然徐福也有寻找仙药的打算，但比之于他对日本的影响，显然志不在此，而完全可以称得上是一次大规模的皇家探险活动。

秦始皇统一全国后，多次巡海，已足见其对海疆的重视。开拓海疆，再展国土，是秦始皇的宏愿。公

三皇五帝 三皇指伏羲、神农、黄帝；五帝指少昊、颛顼、帝喾、尧、舜。原为传说中我国远古的部落首长。后借指远古时代。三皇五帝是我国在夏朝以前出现在传说中的"帝王"。从三皇时代到五帝时代，历数千年。三皇五帝是中华上古杰出首领的代表。

■ 秦始皇巡游天下塑像

元前221年，秦始皇第一次巡海时，便派徐福带人出海探险。

秦始皇第一次巡海后，徐福奉始皇之命，带领青年男女500余人，分乘20艘大木船，从广东沿海出发，向东驶向了日出的方向。

经过几十个昼夜艰苦航行，东方的地平线上终于出现了一块陆地，这就是九州岛。徐福告诉众人，应该靠岸了，众人无不欢欣鼓舞。

九州岛其实就是现在的日本第三大岛。它位于日本西南端，与中国隔黄海、东海遥对。在当时，九州岛有筑前、筑后、丰前、丰后、肥前、肥后、日向、萨摩、大隅9个令制国，遂称"九州"。

陆地越来越近了，船队终于在一处海湾靠了岸。这个海湾就是伊万里湾。徐福他们全部上岸。经过修整后，徐福率众人返回船上，继续向东驶去。最后他们驶入有明海，又从有明海进入了九州岛筑后国的川河口。

徐福他们在川河口停泊。众人拨开浓密的苇叶，踏着泥泞登上了河岸。众人走出那片芦苇沼泽后，满身泥水，又饥又渴。正当众人饥渴难耐时，徐福发现了一口早已干涸的古井。经过他们一番挖掘修整，古井中冒出了清澈的甜水。众人立刻汲水痛饮，洗净了

令制国 又称律令国，是旧时日本在律令制下所设置的地方行政区划，自奈良时代开始实施，直到明治初期的废藩置县为止。国相当于我国古代的地方单位的州，是次于道的行政单位，有时也被称为"日本六十余州"。

身上的泥浆，然后生火做饭。后来，这里得名为"洗手井"，即现在的"寺井"。

已故的日本佐贺县徐福会副会长村冈央麻先生曾经对人说："传说徐福率领泥水满身、饥肠辘辘的童男女在此地上陆后，发现一口干涸的古井，经挖掘修整，涌出清澈甘泉。众人立刻汲水痛饮，生火做饭，并洗净身上的泥污。于是这里得名'洗手井'。日语'洗手井'与'寺井'发音相近，因此'寺井'地名由此产生。"

徐福率领的这批青年人，个个精明能干，人人都有某种专长和技术。徐福见寺井里有取之不尽的甜水，就决定在这里建造房屋，暂时住下来，待探明周围的情况后再制订下一步计划。

有外来船队登陆的消息，很快就在这一带的土著居民中间传开。他们的首领派人进行暗中侦察，侦察

伊万里湾 伊万里是现在日本九州北部城市。这里有得天独厚的天然良港伊万里湾，被东松浦半岛和北松浦半岛环抱，湾口有鹰岛、福岛为自然屏障，湾内水深且风平浪静。

■ 秦始皇君臣塑像

■ 龙口徐福徐公祠

祭祀 是华夏礼典的一部分，更是儒教礼仪中最重要的部分，礼有五经，莫重于祭，是以事神致福。祭祀对象分为三类：天神、地祇、人鬼。天神称祀，地祇称祭，宗庙称享。祭祀的法则详细记载于儒教圣经《周礼》《礼记》中，并有《礼记正义》《大学衍义补》等书进行解释。

的人报告说，上陆的有数百人之多，男的个个英俊，女的个个漂亮，他们穿戴奇特整洁，举止文明大方，很讨人喜欢。首领一听，转忧为喜，立即率领众人带着吃的喝的前往欢迎。

徐福向土著人说明了来意。土著人热情地告诉他，由此向北有座金立山，山上生有一种叫"孚劳孚希"的草药，吃了就可以延年益寿。

金立山是九州岛上天山山脉的一部分，现在山上的金立神社始建于2000多年前的日本孝灵天皇时代。金立神社祭祀有三柱神，主神就是徐福。徐福被当地人尊为司农耕、蚕桑和医药之神，也称金立大神。

金立神社为纪念徐福，每50年举行一次盛大的"徐福大祭"祭祀活动，是佐贺市历史最久、规模最大的祭典。

徐福听说金立山上有延年益寿的草药，大为振奋，立即率众人向金立山出发。可是，从寺井到金立山必须穿过一大片沼泽地，其他别无选择。徐福他们就用带来的大批绸布铺路。

当徐福一行踏着铺路的绸布艰难跋涉到金立山脚下时，一计算，铺路竟用了上千米的布。这个地方就是日本现在的"千布村"。

千布村的部落首领源藏，恭敬地把徐福接到家中，待为上宾，并让自己的独生女源藏辰为徐福斟酒助兴。

徐福向当地土著人传授了农耕、土木建筑、医药等知识和技术，受到了他们的拥护和信赖。

徐福住在源藏家时，受到辰姑娘无微不至的照料。日子久了，两人之间渐渐产生了爱慕之情。但徐福重任在身，不能久留，他告别了辰姑娘，进金立山继续寻找仙草。源藏自告奋勇，为徐福一行带路。

徐福踏遍金立山，尝遍了数百种野草，苦苦寻找"孚劳孚希"。日复一日，不觉数日过去了。当他回到千布村时，人们告诉他，自从他上山后，辰姑娘因日夜思念他，终于忧郁而死。当地人为了纪念她，在千布村为她立了一座塑像。徐福听后大惊失色。

■ 徐福进谏秦始皇塑像

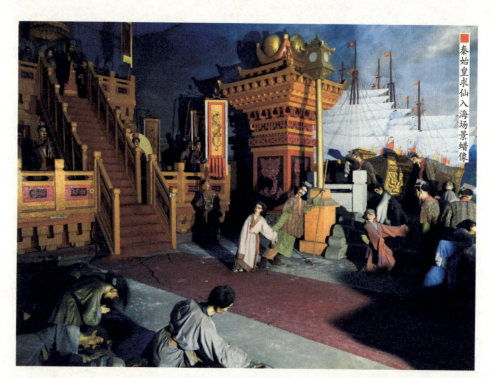

秦始皇求仙入海场景蜡像

徐福为秦始皇饱尝了难以想象的艰辛，他忽然醒悟，不想再返回秦国了，愿把自己的一切献给这里勤劳善良的人民。

据日本学者的研究：徐福在熊野登陆后，在那里住了一年，此后率领他的大部分部属迁徙到富士山北麓居住。此后，徐福在富士山北麓役使百工振兴产业，向日本人传授技术和知识，成绩卓著，徐福于公元前208年逝世，终年70余岁。

徐福永远留在了日本。据有关研究结果统计，随徐福一起去日本的有老人，壮年夫妇138对，还有青年幼儿，再加上徐福一家7人，男女老幼共计553人。

百工中有农夫、大工、木樵、石工、左官、猎师、渔夫、盐工、油工、纸工、笠工、服装工、锻冶工、铸造师、酿造师、医师、针师、乐人等。

徐福一行还带去了各种儒教经典1850卷，其他书籍1800卷。当时中国著名的典籍，几乎全被带到了日本。据日本的一些研究者认为，在徐福带去日本的553人中，大部分是徐福的族人，这些徐姓人后来是日本民族始祖的主要组成部分。

"徐福是日本民族开国始祖"，并称，"日本民族的始祖，是徐福和他带来的一批人。日本历史上所谓'造化三神'的3座神山圣迹，与天皇氏之源义，根本就是徐福的化身。"

徐福东渡日本，促成了一代"弥生文化"的诞生。那时，日本还没有文字，也没有农耕。徐福给日本带去了文字、农耕和医药技术。

为此，徐福自然成了日本人民心目中的"农神"和"医神"。这是随着考古及两国人民之间的交往逐步被发现和发掘的。

在日本福冈县板付的考古遗址中，又发现了碳化米粒遗存，经碳十四测定，与在朝鲜半岛釜山金海地区发现的碳化米为同一类型。说明在同一个历史时期，日本人民开始了农业生产，尤其是水稻种植。

无独有偶，恰在同一时期，日本也开始使用青铜器和铁制生产工具以及丝织品等，而且开始有了文字。日本学界、考古界公认：弥生文化源于中国北方沿海文化。这也是日本文字和汉字酷似的根本缘由。

■ 徐福徐公祠

绳纹 是一种比较原始的纹饰，有粗绳纹和细绳纹2种。绳纹是在陶拍上缠上草、藤之类绳子，在坯体上拍印而成的，有纵、横、斜并有分段、错乱，交叉，平行等多种形式。是新石器时代至商周时期陶器最常见的纹饰。

所谓弥生文化，是指日本绳纹文化之后的一个重要历史时期，由于最先是在日本东京弥生町发现出土而定名。它起自公元前200多年至公元300多年之间，恰好相当于中国的战国末年及秦汉时期。

另外，日本学者村新太郎著文，盛赞中国稻米传入日本的重大意义。他说："稻米拯救了日本列岛饥饿的人们。无论如何稻米要比其他一切都值得感谢。米与牲畜、贝类不同，可以长久贮藏。不久，村落形成了国家。"

稻米的传入，结束了日本的渔猎生活，开始了农耕。那么，日本始终把徐福奉为"农神"和"医神"当在情理之中。

中国文化对日本的影响几乎无处不在，徐福对中日文化的交流可谓贡献重大。据统计，在日本的徐福遗迹有50多处。当然，他的东渡还有许多未解之谜。

■ 徐福徐公祠

比如："方丈""瀛洲"果为今之"济州岛"和"琉球岛"吗？徐福在此两处有何作为？等等。

为此，海内外已成立了徐福研究会，更有倡立"徐福学"者，以便对徐福航海、天文、地理、医药、宗教、冶炼、民族、人种、语言、哲学、民情、民俗等领域进入深入的研究与考证。

徐福东渡给日本所带去的一切文明，竟促成了一代弥生文化的形成，使日本由蛮荒之地飞跃进了文明社会，这对于日本岛国来说，是一个无量的福荫。徐福的东渡，对中日文化交流起到了巨大的影响，这是当时以拓疆扩土为主愿的秦始皇也没有想到的。

徐福故里碑

阅读链接

传说有一天中午，徐福在寻找仙药时觉得非常疲劳，就坐在一块大石头上休息。朦胧中他见有位鹤发童颜的老者正在煮东西，徐福上前向老者详述了自己的来意。

老者对徐福说："我锅中煮的正是你要寻找的草药。我从1000年前就吃这种药草，从未得过任何疾病。这种药草长在山涧和峭壁的古树下，采摘非常难。"

话音刚落，老者便化作一缕白烟飘然而去，锅灶也随之无影无踪。徐福按照老者的指点果然找到了这种草药。

汉代与亚洲国家的交往

我国作为一个国家真正同世界上其他国家和地区发生联系并进行交流，是从公元前206年至公元220年的汉代开始。我国古代真正打开国门走向世界,也是从汉代开始的。

我国在汉朝时期，经济繁荣，政治开明，文明先进，外交方面呈现出新的局面，对世界影响深远。

汉代的对外交流从亚洲开始。汉代与亚洲各国人民有着密切的联系，表现在同朝鲜、日本、越南和印度的经济文化交流的加强。

在与这些国家的交往过程中，让世界目睹了中国汉代的繁荣与昌盛，让世界认识了中国。

■汉武帝（前156年—前87年），刘彻，幼名刘彘。汉景帝刘启的第十个儿子。汉朝第五代皇帝。我国历史上著名的政治家、战略家。他凭借雄才大略、文治武功，使汉朝成为当时世界上最强大的国家，赢得了一个国家前所未有的尊严。

汉代统治者注重对外交往，先后开辟三条重要的海上航线：一是北起辽宁丹东，南至广西北仑河口南北沿海航线；二是从山东沿岸经黄海通向朝鲜、日本，三是海上丝绸之路，即徐闻、合浦航线。

在开辟海上新航线的同时，汉代陆路交通也有了发展。在汉代开明的外交政策下，汉代同朝鲜、日本、越南和印度的经济文化交流空前活跃起来。

朝鲜与我国是唇齿相依的近邻。朝鲜半岛上逐渐形成一些国家之后，他们与汉朝就有正式的使节往来，而经济、文化上的交流则一直非常密切。

■ 汉高祖刘邦画像

早在汉高祖时，卫满朝鲜即燕国人卫满在朝鲜建立的政权灭亡箕子朝鲜后，定都于王险，后为汉藩臣，双方平安无事数十年。汉武帝时，卫满的孙子右渠在位，对汉的态度转为强势，武帝派杨仆、荀彘率军讨伐，费时一年方得平定，汉在其地设置乐浪、玄菟、真番、临屯4郡。其中以乐浪郡为最重要，治所在朝鲜县，管辖朝鲜半岛北部，对朝鲜、日本诸部落有很大的影响力。

公元前82年，汉朝撤除临屯、真番二郡，以其地合并到乐浪、玄菟。朝鲜半岛北部，除了来自中国的朝鲜人外，尚有濊貊、沃沮等族。此时的半岛南部，尚有辰韩、马韩、弁韩并立，通称"三韩"。

汉高祖（前256年—前195年），刘邦，字季。汉朝开国皇帝。我国历史上杰出的政治家、战略家。他是汉民族和汉文化伟大的开拓者，对汉民族的发展，对我国的统一和强大，以及汉文化的保护发扬做出了突出的贡献。

高句丽 是公元前1世纪至7世纪在我国东北地区和朝鲜半岛存在的一个民族政权，与百济，新罗合称朝鲜三国时代。其人主要是濊貊和扶馀人，后又吸收些靺鞨人，古朝鲜遗民及三韩人。

■ 高句丽王城遗址

西汉末年，朝鲜半岛的形势，大致是西北部是汉乐浪郡辖区，东北大部为高句丽所据；新罗据东南部地，百济据西南部地。百济、新罗因居半岛南部，与汉朝没有什么关系，唯有高句丽与汉接近，关系较为密切。

中朝友好交往与经济文化的交流，对中华民族和朝鲜民族都是有益的。中朝之间的经贸往来，使双方互通有无，丰富了两地的经济文化生活，这些交流对双方都有影响，由于中国的文明当时处于世界先进行列，所以对朝鲜的发展进步影响更大一点。

比如朝鲜半岛南部"三韩"之一的辰韩，就吸取与借鉴了我国文化的先进成果，形成了许多与秦朝相似的风俗，被时人称为"秦韩"。

"三韩"的发展水平虽略有不同，但都处在由原始社会向阶级社会过渡阶段。它们在东汉王朝的强烈影响下，并没有向奴隶社会发展，而是模仿汉朝的剥

削方式和政治制度，直接走上了封建化的道路。

日本是我国一衣带水隔海相望的近邻，在日本列岛上，很早就有居民生活。很早以前，我国就知道日本。日本在汉朝时被称为"倭国"。

据《汉书·地理志》记载："乐浪海中有倭人，分为百余国。"《后汉书·东夷传》中也有这样的记载。当时，我国已经知道日本列岛居民生产、生活的一些情况。

自汉武帝于朝鲜设四郡后，我国文化开始影响倭国，倭国通使于汉者达30余次。倭奴国也于此时开始对汉作岁时的贡献，纳贡的地点大概就在乐浪郡。这也证明了当时乐浪郡的重要。

汉光武帝初年，辽东太守祭肜威震北方，若干外族国家闻声朝献。当时正是日本史上的垂仁天皇时代，日本倭奴国王遣使来汉，汉赐一枚"汉倭奴国王"金印。

这枚金印曾于1784年在九州北部发现，至今是日本的国宝，但其真赝当无法确定。倭奴又于107年和

倭奴国 公元前后，倭人分为百余国，来汉朝贡。汉光武帝赐倭奴国王印绶"汉倭奴国王"金印。日本的由来在汉朝时期，一个来自东方海域的岛国因为久慕大汉文明与繁华，便不远万里涉海越山来朝汉朝，汉光武帝赐倭奴国。

■ 汉光武帝刘秀（前5年—57年），东汉王朝开国皇帝，我国历史上著名政治家、军事家。刘秀结束了自新莽末年以来长达近20年的军阀混战与割据局面。在位期间，大兴儒学、推崇气节，东汉一朝也被后世史家推崇为我国历史上"风化最美、儒学最盛"的时代。

201年两度来朝。

中日之间的交往不断，我国的水稻、铁器、丝帛等由经朝鲜传到日本，日本考古发现的一些工具、器皿的制作也有的同我国相似，两者相互印证。中日交往的历史，既有我国正史中的记载，又有考古文物佐证。这种交往促进了日本生产和文化的发展。

我国是东南亚的近邻。自古以来，我国与东南亚有着密切的联系。我国与东南亚的交往始于汉代海上丝绸之路的开辟，更促进了我国与东南亚的经济、文化和宗教的交流。中华民族的文化传播到这一地区，尤其是中南半岛东部的越南。

两汉时期，我国与越南关系日益密切起来。越南与我国山水相连，联系密切。我国从越南输入土特产和东南亚的珍稀物产，我国的铁器、农耕技术、水利技术也传到越南。

■ 海上丝绸之路路线图

中越经济文化的交流，对两国的经济文化和社会生活都有积极影响。归根结底，是西汉政府为了加强对边疆地区的管辖，加强自己的封建专制统治，是"大一统"思想的体现。

汉代与印度交往中，印度佛教传入具有历史性意义。普遍认为，佛教是在西汉末年，东汉初年时由印度从西域传入的。

根据记载，公元前2年，西汉时期的景卢出使大月氏，大月氏王令使伊存口授《浮屠经》。伊存是大月氏使者，景卢受其口授《浮屠经》。这一佛教初传事件被史称"伊存授经"。

到了公元67年，汉明帝梦见金人，于是派人去西域，迎来迦叶摩腾与竺法兰两位高僧，并且带来了许多佛像和佛经，用白马驮回首都洛阳，皇帝命人修建房屋供其居住，翻译《四十二章经》。这个房屋就是现在的白马寺。

在我国佛教史上，多以公元67年，作为佛教传入之年。白马寺成为我国第一座佛寺。《四十二章经》，也成为我国第一部汉译佛经。

此后，147年，安息人安世高到汉朝传教译经；167年，大月氏人支娄迦谶到汉朝传教译经。

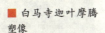

■ 白马寺迦叶摩腾塑像

大一统 原始意义是消灭对手，由帝王一人统治天下。其最初指天下诸侯皆统系于周天子。后世因称封建王朝统治全国为大一统。大一统，是一种概念，一种气魄，一种胸怀。大一统，让我们的民族从分散归至凝聚。

■ 洛阳古迹白马寺 位于河南省洛阳老城以东12千米处，创建于公元68年，为我国第一古刹，世界著名伽蓝，是佛教传入我国后兴建的第一座寺院，有中国佛教的"祖庭"和"释源"之称。现存的遗址古迹为元、明、清时所留。

佛教在我国经长期传播发展，形成具有我国民族特色的中国佛教。由于传入的时间、途径不同和民族文化、社会历史背景的不同，我国佛教形成三大系，即汉传佛教、藏传佛教和云南傣族等地区巴利语系的上座部佛教。

佛教文化自汉代从印度传入我国后，与中国文化融合，在我国的哲学、文学、伦理学、心理学、教育学、音乐、美术、建筑、医药、饮食等领域之中，绽放出辉煌的文化之花，产生着广泛的影响。

阅读链接

汉武帝刘彻是一位有雄才大略又善于用人的君主。他继位后，开始着手解决北方的匈奴的威胁，重用名将霍去病、卫青、李广等，加上张骞的外交，令我国在国际舞台迅速崛起。

经过汉武帝30年的经营，不仅基本上解决了匈奴的威胁，而且在世界上已俨然成为东亚的霸主。

在当时，汉朝地位如日中天。由于汉朝具有强悍的实力，后来发兵一举消灭了杀害汉代使节的北匈奴。汉完全控制了西域，北匈奴实力大减，再也无力扰汉了。

张骞开通西域丝绸之路

西汉武帝时张骞两次去西域，开通了一条自首都长安，经河西走廊和天山南路，直达中亚、西亚，进而连接欧洲和非洲大陆的陆路通道，历史上称"丝绸之路"。

丝绸之路的开通，加强了汉朝同四邻国家的物质文化交流，丰富了各国人民的生活，并成为后世中国与中亚、西亚以及非洲、欧洲国家人民加强联系和发展友谊的桥梁。

■ 两次去西域的张骞塑像

张骞去西域蜡像

汉武帝即位时，汉王朝已建立60余年，历经汉初几代皇帝，社会经济得到恢复和发展，国力已相当强大。汉武帝凭借雄厚的物力财力，及时地把反击匈奴的侵扰，从根本上解除来自北方威胁的历史任务，提上了日程。

从当时的整个形势来看，联合大月氏，沟通西域，在葱岭东西打破匈奴的控制局面，建立起汉朝的威信和影响，是孤立和削弱匈奴，配合军事行动，最后彻底战胜匈奴的一个具有战略意义的重大步骤。

公元前139年，张骞奉汉武帝之命，率领100多人，从陇西，即今甘肃临洮出发，西行进入河西走廊。当时的河西走廊已完全为匈奴人所控制。正当张骞带领的汉朝使团匆匆穿过河西走廊时，不幸碰上匈奴的骑兵队，全部被抓获。

匈奴单于为了拉拢张骞，打消其出使大月氏的念头，进行了种种威逼利诱，还给张骞娶了匈奴的女子为妻，生了孩子。但均未达到目的。在匈奴一直留居期间，张骞始终没有忘记汉武帝所交给自己的神圣使命，没有动摇为汉朝通使大月氏的意志和决心。

公元前129年，敌人的监视渐渐有所松弛。一天，张骞趁匈奴人的不备，果断地带领随从逃出了匈奴的势力范围。为了避开匈奴的骚扰，张骞从河西走廊折西进入焉耆，再溯塔里木河西行，过库车、疏勒等地，翻越葱岭，直达大宛。路上经过了数十日的跋涉。

这是一次极为艰苦的行军。大戈壁滩上，飞沙走石，热浪滚滚；葱岭高如屋脊，冰雪皑皑，寒风刺骨。沿途人烟稀少，水源奇缺。加之匆匆出逃，物资准备又不足，张骞一行风餐露宿，备尝艰辛。

干粮吃尽了，就靠善射的向导堂邑父射杀禽兽聊以充饥。不少随从或因饥渴倒毙途中，或葬身黄沙、冰窟，献出了生命。

张骞到大宛后，向大宛王说明了自己去大月氏的使命和沿途种种遭遇，希望大宛能派人相送，并表示今后如能返回朝廷，一定奏明汉皇，送他很多财物，重重酬谢。

大宛王本来早就知道汉王朝的富庶，很想与朝廷往来，但苦于匈奴的中梗阻碍，未能实现。汉使的意外到来，使大宛王非常高兴，而张骞的一席话，更使他动心。

于是满口答应了张骞的要求，热情款待后，派向导和译员将张骞

张骞出使西域（敦煌323窟壁画摹本）　　位于汉中城固县博望村的张骞墓

■ 张骞塑像

等人送到即今乌兹别克斯坦和塔吉克斯坦境内的康居，康居王又遣人将他们送至大月氏。

不料，这时的大月氏人改变了态度。当张骞向他们提出建议时，他们无意与匈奴为敌。加之他们又认为汉朝离大月氏太远，如果联合攻击匈奴，遇到危险恐难以相助。

张骞等人在大月氏逗留了一年多，始终未能说服大月氏人与汉朝联盟，夹击匈奴。在此期间，张骞曾越过妫水南下，抵达大夏的蓝氏城。公元前128年动身返国。

在归途中，张骞为避开匈奴控制区，改变了行军路线。他们不走来时沿塔里木盆地北部的北道，而改行沿塔里木盆地南部，循昆仑山北麓的南道。从莎车，经于阗、鄯善，进入羌人地区。

但出乎意料，羌人也已沦为匈奴的附庸，张骞等人再次被匈奴骑兵所俘，又扣留了一年多。后来趁匈奴内乱之机，带着自己的匈奴族妻子和堂邑父，逃回长安。

张骞第一次去西域，从公元前139年出发，至公元前126年归汉，共历13年。张骞出发时带了100多人，回来时仅剩下他和堂邑父2个人。

张骞第一次去西域，既是一次极为艰险的外交旅行，同时也是一次卓有成效的科学考察。张骞第一次对广阔的西域进行了实地的调查研究工作。

他不仅亲自访问了位处新疆的各小国和中亚的大宛、康居、大月氏和大夏等各地方政权，而且从这些地方又初步了解到乌孙、奄蔡、安息、条支、身毒等地的许多情况。

回长安后，张骞将其见闻，向汉武帝作了详细报告，对葱岭东西、中亚、西亚以及安息、印度诸国的

堂邑父 是我国汉朝时的西域胡人，本名甘父，另说姓堂邑名甘父，亦说字胡奴甘父，为堂邑县一贵族家奴仆，所以又称堂邑父。战争中被俘虏，被释放后加入汉军，是优秀的射手。公元前138年，随张骞去西域，做助手和向导，归国后汉武帝封他为"奉使君"。

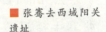

■ 张骞去西域阳关遗址

张骞归来

位置、特产、人口、城市、兵力等，都作了说明。

这个报告的基本内容为司马迁在《史记·大宛传》中保存下来。这是中国和世界上对于这些地区第一次最翔实可靠的记载，至今仍是世界上研究上述地区和国家的古地理和历史的最珍贵的资料。汉武帝对张骞这次去西域的成果非常满意，特封张骞为太中大夫，授堂邑父为"奉使君"，以表彰他们的功绩。

几年后，汉武帝听说西域小国都有与汉通好的愿望，就准备派张骞第二次去西域，宣扬汉朝的国威。

公元前115年，荒凉的河西走廊出现了一支庞大的汉朝使者队伍。张骞手持汉节，和他的几个副手走在队伍的前面。第一站是乌孙王国，他们一路没有遇到匈奴人的骚扰，到了乌孙王国。乌孙王惊讶地迎接了这个庞大的使团。张骞代表汉武帝送给乌孙王很厚重的礼物，乌孙王更加惊喜。

张骞对乌孙王说："要是大王能够依靠汉朝，搬到东边来，汉朝皇帝愿意把那边的土地全部封给大王，还会把公主嫁给大王为夫人，给大王不少的礼物。这样两国结为亲戚，共同对付匈奴，这是个最好的出路。"

乌孙王和大臣商议了好几天，却是举棋不定。张骞他恐怕耽误时间，就先打发他的副手们拿着汉节，带上礼物，分头去联络大宛、康居、大月氏、大夏、安息、身毒和于阗等国家。乌孙王派出了几个翻译去帮助他们。

张骞的副手们还没有回来，乌孙王倒先想派几个人去朝廷看看情况再说。张骞一看这样也好，让这些乌孙王国的官员亲眼看到汉王朝的强大，才能摆脱匈奴，投入朝廷的怀抱。乌孙王派人一路送张骞回长安，同时向汉武帝敬献了几十匹上等好马作为谢礼。

张骞带着乌孙的官员来见汉武帝。汉武帝一看就为他们的气势所慑服，心中已经很是得意。再看到乌孙赠送的几十匹高头大马，更是欢喜异常。因为汉武帝一生酷爱良马，所以分外称心。他吩咐手下重赏乌孙的官员，让他们到各处走走。又提拔张骞为大行令，负责管理与外国的一切事务。

在张骞的带动下，汉朝和西域各地之间的联系大大密切起来。陇西荒原上各国的使者络绎不绝。

太中大夫 秦代官名，掌论议，汉以后各代多沿置。唐、宋为文散官第八阶，从四品上。宋元属制用以换左右谏议大夫。后定为文官第十一阶，金称大中大夫，从四品。元升为从三品。明亦称大中大夫，为从三品加授之阶。

■ 张骞塑像

■ 张骞塑像

张骞回汉一年后，因为辛劳过度，猝然离开人世。汉武帝为失去这样一个外交天才而郁闷了好几天。而西域诸地都知道张骞的大名，称赞他是一个真正的朋友。张骞死后，两汉政府对西域非常重视，通过联姻、继续派使通好、设置西域都护等措施，保证了丝绸之路的畅通，使汉同西域的关系进一步发展。

公元前105年，乌孙王以良马千匹为聘礼向汉求和亲，汉武帝把江都王之女细君公主嫁给了乌孙王。细君公主死后，汉又以楚王的孙女解忧公主嫁给了乌孙王。

解忧公主的随嫁侍女冯嫽深知诗文事理，常持汉节行赏赐于诸地，深得尊敬和信任，被称为冯夫人。由于冯嫽的活动，巩固和发展了汉同乌孙的关系。冯嫽也成为我国第一位杰出的女外交家政治家。

公元前100年，匈奴政权新单于即位，汉武帝派遣苏武率领100多人，带了许多财物，出使匈奴。一方面是缓和当时状态，另一方面是探实匈奴实情，为以后的远征奠定基础。只不过苏武一去就给扣押了。后来就有卫青、霍去病等大将举全国之力远征，终于

汉节 汉代使臣所持的节由皇帝授予，是国家的象征，保护它也体现出对国家忠贞的感情。不仅汉代派往匈奴等处的使者持节，皇帝派往分封于各地的诸侯王的使者，同样要持节。正由于使臣持节，故此有"使节"之称，沿用至今。

彻底击败匈奴。

公元前60年，匈奴内部分裂，汉宣帝任命卫司马郑吉为西域都护，驻守在乌垒城，即今新疆轮台东。这是汉朝在葱岭以东，今巴尔喀什湖以南的广大地区正式设置行政机构的开端。西汉政府还在新疆境内设置常驻的官员，派去士卒屯田，并设校尉统领，保护屯田，使汉族人民同新疆各族人民的交往更加密切了。

到东汉时期，汉朝曾经于公元73年派班超经略西域，在西域专门任命官吏，来加强对西域的控制，并保护商旅往来。随着汉朝的使者和商人络绎不绝地西行，丝绸之路更加畅通。

张骞两次通西域，打通了中西之间的交通线路，促进了东西文化的交流，在人类文明史上做出了重大的贡献。汉朝人把这件事称为"凿空"，就是"探险"之意，赞扬张骞打开中国与西方往来的大门。他开通的中外友好往来之路，被称为"丝绸之路"。

阅读链接

张骞不畏艰险，两次去西域，沟通了亚洲内陆交通要道，促进了东西经济文化的广泛交流，开拓了丝绸之路，完全可称之为中国走向世界的第一人。

敦煌莫高窟第323窟北壁西端上画的就是张骞去西域的故事。有人曾经依据此图论证了汉武帝派张骞赴大夏，是佛教传入我国内地之始，但也有人持反对观点，认为这是附会之说。

但不管怎么说，张骞去西域，开拓丝绸之路的历史功绩是真实可信的。

诸葛亮联吴抗曹外交战略

　　三国时期的大军事家诸葛亮，曾经提出并实施终生的"联吴抗曹"的蜀国国家防御政策。

　　诸葛亮（181年—234年），字孔明，号卧龙或伏龙。生于三国时期的琅琊阳都，即今山东省临沂市。

　　他出使吴国，联合孙权共同抵御曹操，吴蜀两国共同实施了联兵抗曹的壮举，并大获全胜，打败曹军，使之不敢轻易出兵。

　　由于诸葛亮正确的战略构想和采取了灵活的外交策略，使三国时期的蜀国和吴国数十年来立于不败之地。

■ 杰出的外交家诸葛亮塑像

■ 刘备（161年—223年），字玄德，东汉末年幽州涿郡涿县今河北省保定市涿州市人，三国时期蜀汉开国皇帝。他素以仁德为世人称赞，是三国时期著名的政治家。

东汉末年，诸葛亮在南阳隐居。刘备屯兵新野时，幕僚徐庶向刘备推荐诸葛亮，刘备三访草庐，诸葛亮与其相见。

当时，诸葛亮精辟地分析形势，提出建议。诸葛亮用"自董卓以来，豪杰并起，跨州连郡者不可胜数"，概括了当时军阀混战、群雄割据的局面，认为刘备应该占据荆、益二州，守住险要之地，向西和好诸戎，向南安抚夷越，对外结好孙权，对内修明政治。待天下形势发生变化时，就可出兵讨伐，中兴汉室，成就霸业。

刘备听后给予充分肯定，从此与诸葛亮的情谊日益密切，诸葛亮从此辅佐刘备，寻机实施联吴抗曹的外交战略构想。

208年，刘备退至夏口。诸葛亮请求刘备允许他出使东吴，实施联吴抗曹计划。于是，诸葛亮作为刘备的使者随同鲁肃到柴桑去会见孙权。当时孙权正在坐山观虎斗。诸葛亮拜会孙权时，分析形势，晓以利害。

他说："现在海内大乱，将军起兵占据江东，刘豫州在汉水以南聚集部队，与曹操共争天下。当今曹操铲削群雄，攻破荆州，威震四海。英雄已没有用武之地。所以刘豫州逃到这里，希望将军度量自己的力量而决定对策。如果您能用江东的兵众与中原曹操的军队相抗

■ 孔明与周瑜

赤壁之战 是孙权、刘备联军于208年在长江赤壁，今湖北赤壁西北一带大破曹操大军，奠定三国鼎立基础的以少胜多的著名战役。是历史上以少胜多的著名战争之一，也是三国时最为著名的战役。是历史上第一次在长江流域进行的大规模江河作战。

衡，不如及早与曹操断绝来往；如果不能，您何不放下兵器向他称臣投降？现在您表面上有服从他的名义，内心却犹豫不决，事情紧急而不能作决断，大祸很快就要临头！"

这时孙权反问："如像你说得那样，刘豫州为什么不向曹操称臣投降？"

诸葛亮说："田横不过是齐国的一个壮士，尚且能够坚守至义不肯屈辱投降，更何况刘豫州是皇室后裔，英才盖世，众多士人仰慕他，如同水流向大海一样，倘若事情不能够成功，那就是天意，怎么能再做曹操的臣下呢！"

孙权听后勃然大怒，说："我不能拿整个吴地和10万将士去受制于人，我的主意已定，除了刘豫州，没有人可以与曹操抗衡！但刘豫州刚遭到失败，怎么能抵抗得了这么强大的敌人？"

　　针对孙权的疑虑，诸葛亮阐述道："刘豫州虽然兵败于长坂坡，但现在回来的将士及关羽的水军共有精兵万人。刘琦召集江夏的将士，也不少于万人。曹操的军队远道而来，疲惫不堪，听说他追赶刘豫州时，轻装骑兵一昼夜走300余里路，这正是'强弩发出去的箭，在射程末了时，它的力量连鲁国生产的薄绢也穿不透'。所以兵法上忌讳这种做法。况且北方之人，不熟悉水战，此外，荆州归附曹操的百姓，不过是被曹操的大军所逼迫，并不是从心里服从。"

　　"现将军如果能命令猛将率领将士数万，与刘豫州同心协力，一定可以击败曹操的军队。曹操失败，退回北方，这样，荆州、吴地的势力就会增强，天下三足鼎立的形势就会形成。事情成败，就在今天！"

　　诸葛亮之言，有理有据，孙权听后，产生共识，非常高兴，从而形成联吴抗曹的一致意见。会见后，孙权即派周瑜、程普、鲁肃及3万水军，随同诸葛亮会见刘备，形成吴蜀联军，奋力

周瑜　字公瑾，汉末名将，庐江舒县，今安徽省庐江县人。汉末东吴儒将。有208年，周瑜率江东孙氏集团军队与刘备军队联合，赤壁之战大败曹军，由此奠定三分天下的基础。正史上周瑜"性度恢廓""实奇才也"，范成大誉之为"江左风流美丈夫"。

吴主孙权

■吴大帝孙权　字仲谋，吴郡富春，今浙江富阳人，三国时代东吴的建立者。孙权称帝后，设置农官，实行屯田，平定山越，设置郡县，促进了江南经济的发展。在此基础上，他又多次派人出海。230年，他派卫温到达夷州，即今台湾。

抵御曹操。

最后，吴蜀联军在"赤壁之战"赢得重大胜利，奠定了三国鼎立局面的基础。

赤壁之战后，刘备借机取得了荆州和益州，任命诸葛亮为军师中郎将，统领零陵、桂阳、长沙三郡。211年，刘璋迎刘备入蜀，攻击张鲁。占领成都后，任命诸葛亮为军师。

221年，刘备在成都称帝，诸葛亮为丞相。蜀与魏、吴鼎足之势终于形成。

223年春，刘备于永安病故，刘禅继位，改年号建兴元年，封诸葛亮为"武乡侯"，建丞相府以处理日常事务，又领益州牧。此刻，诸葛亮要办的第一件大事是派遣使者出使吴国，恢复与吴国的外交关系。

刘备死后，吴国已经向魏国称臣，尚未拿定主意怎样对待蜀国，仍陈兵于吴蜀边境。正当诸葛亮深虑孙权获悉刘备去世消息会有其他考虑时，蜀国重要朝臣邓芝来见诸葛亮。

邓芝对诸葛亮说："皇上幼弱，刚刚即位，应派遣使节重申对吴和好。"

中郎将 官名。秦置中郎，至西汉分五官、左、右三中郎署，各置中郎将以统领皇帝的侍卫，属光禄勋。三国时，各中郎将中比较著名的有建树中郎将周瑜、军师中郎将诸葛亮等。又建安中，曹操魏王嗣子曹丕就领五官中郎将，为丞相的副职。

三国时的孙王阁

诸葛亮说："我考虑这个问题好久了，没有找到合适的使者人选，今天才找到。"诸葛亮便选派邓芝去东吴与孙权修好。

临行前，诸葛亮指示邓芝，到东吴后，可先向张裔请教如何同孙权谈话。张裔离开蜀国到东吴已有数年，潜伏在东吴，孙权不知道，实际上是诸葛亮留在东吴的情报人员。

诸葛亮塑像

到了东吴，邓芝从张裔那里了解到，孙权果然狐疑。孙权没有及时接见邓芝，邓芝就和接待的人说，自己这次来不仅仅是为蜀国考虑，也是为吴国着想。这时孙权才接见邓芝。

邓芝对孙权说："现在吴、蜀两国占有四州之地，您是当

诸葛亮舌战群儒

今著名的英雄，诸葛亮又是一代豪杰。蜀国有重重险要地势，东吴有三条大江，双方优势结合，两国就像唇齿一样，相依相伴，进可以兼并天下，退可以与魏鼎足而立，这个道理您自然懂。"

"您倘若委身侍奉魏国，魏国必然期盼大王您入朝朝拜，要求太子作人质到朝廷供人使唤；如不从命，就以反叛为借口派兵讨伐，蜀国也必然顺流而下，利用可乘之机发动进攻，这样，江南之地就不再属大王所有。"

孙权听后沉默好久，最后认同了邓芝的看法。于是和魏国断绝关系，与蜀国和好。孙权随即派使者到蜀国回访。从此，两国使者往来不断，通报情况，传递书信。后来，蜀国再次派邓芝访吴，双方坦率地交换了意见。

在此后的几年里，诸葛亮平定了南中叛乱。早在刘备东伐魏国时，蜀国南中诸郡受东吴策动而叛乱，严重威胁蜀国后方。

诸葛亮执政，与东吴恢复邦交，切断了孙权对南中的支持。经过两年的调养，诸葛亮大军兵分三路南征四郡，采用攻心战术，对孟获七擒七纵，使其心悦诚服。

平叛后，诸葛亮将南中四郡分为六郡，起用了大量少数民族官吏自行治理。又征调南中青年羌人万余家入蜀，以其青壮年组成骑兵五部，号称"飞军"，并设立降都督，掌管南中军政。
此后，东吴难以再利用民族矛盾牵制蜀国，也为诸葛
亮北伐魏国解除了后顾之忧。

229年夏，吴王孙权称帝并通报蜀国。蜀国的大
臣们认为名号体制不顺，与吴国结交没有益处，应该
显示正义，跟他们断绝友好盟约。诸葛亮以大局为
重，说孙权有僭号之心已久，我们之所以忽略他分裂
念头，是想要他分兵牵制魏国，给我们作援助。

在孙权称帝之前，诸葛亮曾经派遣陈震为使节到
东吴。诸葛亮事先致函在东吴任职的兄弟诸葛谨，介
绍陈震。

陈震进入吴国后，到各地访问，会见众多官员，
重申双方友好结盟如同当初，并提高到新的水平；宣
传双方共同决心讨贼，就
没有不能消灭的敌人。

陈震到了武昌，孙权
与陈震升坛歃盟，约定将
来交分天下：以徐、豫、
幽、青州属吴，并、凉、
冀、兖州属蜀，并以函谷
关为界。陈震回蜀后，受
到了表彰，并被封为城阳

函谷关 位于河南灵宝市北的王垛村，地处"长安古道"，紧靠黄河岸边。因关在峡谷中，深险如函而得名。函谷关是古代中原腹地与西北地区文化经济交流的咽喉要道。围绕着这座重关名城流传有"紫气东来""老子过关"等历史故事和传说。

091

中古时期

始通世界

■ 孟获 三国时期西南少数民族的首领。他曾经起兵反叛蜀汉，后来被诸葛亮七擒七纵并降服。《三国志》中并未记载孟获其人，他的相关事迹仅在《汉晋春秋》和《襄阳记》等史籍中有记载。

五丈原诸葛亮庙

亭候。诸葛亮在孙权称帝的关键时刻，力排众议，以外交行动巩固了双边关系。事实表明，诸葛亮坚持联吴抗曹，外交取得成功，使蜀国和吴国保持了相对的和平相处，并于数十年间立于不败之地。

　　诸葛亮的聪明才智，对魏、蜀、吴三分天下的形成和蜀国的发展做出了突出贡献。他在处理多边关系的过程中善于运用外交技巧，是我国古代一位杰出的外交家。

阅读链接

　　诸葛亮在南阳"躬耕陇亩"时，种西瓜的手艺很好。他种的西瓜，个大、沙甜，凡来隆中做客和路过的人都要到瓜园饱饱口福。

　　周围的老农来向他学习种瓜的经验，诸葛亮都会毫不保留地告诉他们：瓜要种在沙土地上，上麻饼或香油脚子。好多人都来问他要西瓜种子，因为以前没有注意留瓜子，许多人只好扫兴而归。

　　第二年，西瓜又开园了，他在地头上插了个牌子，上写"瓜管吃好，瓜子留下"。现在，南阳有些地方还遵守那条"吃瓜留子"的老规矩。

隋朝与朝鲜和日本的交往

隋朝在对外交往上，秉持一种以德服人的观念。在隋朝看来，各藩属国定期来朝，宗藩和平相处，是最理想的一种天朝政治秩序。

当然，有时也难免会使用战争的手段，不过，那也只是以臣服为目的，而不是要彻底击灭。

正是在这样一种外交理念的指导下，隋朝时期出现了万邦来朝的恢宏局面。

■ 隋朝开国皇帝隋文帝画像

■ 隋炀帝铜雕壁画

纥升骨城 坐落在现辽宁省桓仁县境内的五女山城。是高句丽民族文明的发祥地，高句丽第一个王城。高句丽开国君主高朱蒙自夫余避祸南逃，于公元前37年在卒本川建国称王。公元前34年，筑纥升骨城，作为王都。

隋朝统一了中国后，迅速成为了东亚最强大的帝国，同时也加强了与东邻朝鲜和日本的交往。

高句丽于公元前37年在纥升骨城建国后，就开始不断地向外扩展，后来控制了朝鲜半岛北部地区。

高句丽自建国以来，就一直保持着与中国中原政权之间册封与朝贡的藩属关系。同时，随着其国力的不断强大，高句丽也屡屡与中原政权之间发生摩擦和战争。

589年，隋朝统一中国，结束了几百年的分裂局面。高句丽目睹隋的迅速崛起，十分恐慌，加紧屯粮练兵，并商议拒隋之策。

隋文帝闻讯大为不满，给高句丽国王下了一封措辞严厉的诏书，历数了高句丽的种种不守藩臣之节的无礼行径，并且以灭陈故事相威胁。

此后，隋在隋文帝和隋炀帝两朝对高句丽进行数次征伐。后来，高句丽因连年作战，已经困弊不堪，无力再战，只好遣使入隋请降。

而此时隋朝国内也因连年战争导致民力凋敝，农民起义已是此起彼伏。隋炀帝见高句丽使来请降，赶紧见好就收，下令班师回朝。

高句丽是东北少数民族地方政权，汉以来一直受中原王朝册封，百济和新罗只是两个配角。它们一方面受压于高句丽，希望隋朝出兵攻打高句丽；另一方面，它们又担心一旦隋不胜，反而会招致灾祸。终隋一朝，百济和新罗都频繁地遣使通隋，保持着友好的关系。

百济既受高句丽的不断南侵，又被新罗步步进逼，战略态势十分险恶，为了抵御强邻，迫切需要外援，因此百济积极地与隋通好朝贡。

581年，隋朝刚刚建立，百济威德王就遣使与隋通贡。隋文帝册封威德王为上开府仪同三司、带方郡公。隋灭掉南朝统一中原后，百济立即遣使入隋祝贺。隋文帝非常高兴。

隋文帝（541年—604年），鲜卑赐姓是普六茹，小名那罗延。隋朝开国皇帝。他统一天下，建立隋朝，社会各方面都获得发展，形成了辉煌的"开皇之治"，使隋成为盛世之国。隋文帝时期也是人类历史上农耕文明的巅峰时期。

■ 高句丽的将军墓

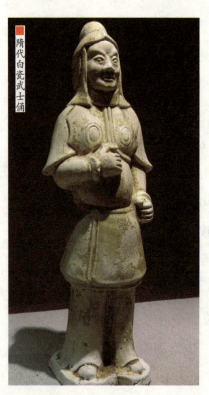
隋代白瓷武士俑

念及百济距隋朝遥远，隋文帝通过使者叮嘱百济王说："我们虽然相隔万里，但相互理解如同亲见。已经知悉百济王的心迹，不过两地往复至难，今后百济就不用年年入贡了，隋也不会年年遣使前往。"

598年，威德王听说隋文帝将伐高句丽，遂遣使奉表，请求为隋军先导。然而，此时隋文帝已经因为征讨不利而罢兵，况且高句丽也已上表谢罪，就晓谕百济："高元已经畏服归罪，不可再伐。"后来高句丽知道了这件事后，就派兵侵掠百济边境作为报复。

607年，百济武王时两次遣使入隋朝贡，请求隋讨伐高句丽。隋朝这时的皇帝是隋炀帝，他同意了百济请求，要求百济侦察高句丽的动静。

百济武王得知隋师将要出征的消息后，也派兵陈于边境，声言助隋，实际上却陈兵不动，意在静观其变。百济由积极请战到观望，恐怕是对隋能否取胜没有信心。

614年，百济最后一次入隋朝贡，此后隋天下大乱，朝贡遂绝。

隋与新罗的关系虽然友好，但并不密切。部分是因为新罗有百济相阻，与隋来往不便。和百济一样，新罗也视高句丽为最凶险的敌人，也试图借隋朝的力量以制伏高句丽。

594年，新罗遣使入隋朝贡，隋文帝册封新罗真平王为上开府、乐浪郡公、新罗王。608年，新罗王因高句丽屡屡侵犯其疆域，命人修表向隋朝乞师讨伐高句丽，结果没有得到答复。

611年，新罗因屡遭高句丽侵略，又遣使入隋，奉表请师，共伐高句丽。此时，隋炀帝已决意征伐高句丽，便同意了新罗的请求。第二年，隋炀帝首征高句丽，其后又连续兴兵征伐。

不过，在隋朝征讨高句丽的过程中，新罗如同百济一样，并没有实际出兵助战，想必它也有和百济一样的顾虑。

日本在倭五王时期，就与中国南北朝时期的南朝刘宋政权有着密切的往来。隋统一中国后，日本重新来朝，冀求学习隋先进的文化、制度。

但此时的日本大和民族国家业已形成，民族自尊心使它不愿像从前那样以藩属的身份与隋交往。甚至，此时的日本对于礼仪名分变得非常敏感。

隋帝国当然不理会日本的这种心态，在大隋的眼中，日本与其他倾慕天朝来朝的小藩没什么区别。于是，隋和日本就产生了国书之争。可贵的是，双方的最高统治者并没有因为"名"的争论，而阻碍"实"的交往。

600年，日本第一次派遣入隋使节。隋文帝很高兴，因为日本已经有百年没有来朝贡了。倭使回国后，向摄政的圣德太子汇报了出使情况。

圣德太子从使者那里了解到隋

刘宋政权 我国南北朝时期南朝的第一个朝代，420年，宋武帝刘裕取代东晋政权而建立。改国号宋，定都建康。因国君姓刘，为与后来赵匡胤建立的宋朝相区别，故又称为刘宋。刘裕所建立的政权被称为"刘宋政权"。

■ 隋炀帝（569年—618年），即杨广，一名英，小字阿㦅。隋文帝杨坚和独孤皇后的次子。隋朝第二代皇帝，在位期间，因滥用民力，造成天下大乱，直接导致了隋朝的灭亡。

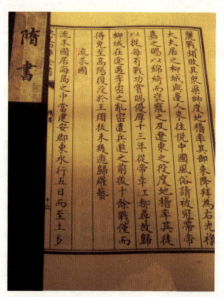

■《随书》中关于对外交往的记载

朝佛教很兴盛，便决定以求佛经佛法为名，再次遣使入隋，目的主要还是要加强两国之间的交往。

在607年，倭国再次派小野妹子为使节，并指派翻译，携带国书来到隋都。跟随小野妹子来到隋朝的还有数十名留学僧，他们是日本首次向中国派出的留学生。

隋炀帝秉性好大喜功，对于偏居海岛的倭国国王不畏艰险遣使来朝深感满足，但看到倭王的国书中写道："日出处天子致书日没处天子"的词句时，得意之情迅速消失，立即吩咐管外事的官员鸿胪寺卿："以后蛮夷的国书有无礼的，就不要再给我看了！"

倭国在东，中国在西，所以倭王自称是太阳出来地方的天子，而称中国皇帝为太阳落下地方的天子。日本如此致书，证明隋文帝当初的训令并没有产生效果，倭国朝廷仍然坚持与隋朝对等的立场。

尽管如此，隋炀帝还是命令鸿胪寺卿热情接待日本使者，而且为了炫耀上国的威风，决定立即派文林郎裴世清出使日本，回访倭王。

608年，小野妹子陪同裴世清使团到达日本九州。倭王闻讯后，立即派出要员前往迎接。同时，鉴于现有的接待外国使节的馆舍过于简陋，下令在难波城，即今大阪修建新馆，以安置隋使裴世清一行。

倭王会见隋使时谦恭地说："我听说海西有大

鸿胪寺卿 隋代负责外交的机构。设鸿胪寺卿、少卿、丞、主簿、绿事、统司仪署令、掌仪、赞者等官。其中，鸿胪寺卿1人，少卿1人，隋炀帝时加置少卿2人；丞2人；主簿2人；绿事2人；统司仪署令2人；掌仪20人；赞者12人。

隋国，是礼仪之邦，所以遣使朝贡。我们夷人僻居海隅，不闻礼义，所以没有亲自拜见。这次特意清扫道路、装饰馆舍，以迎接大国使者，希望听听大国维新的情形。"

倭王以语含双关的方式表达了对上次"无礼"国书的歉意。

隋使裴世清随即呈上了隋炀帝的国书，书中的第一句就是"皇帝问倭王"，俨然是上国对小邦的口吻。裴世清告诉倭王说，这是赐诸侯书的样式。

据日本史书记载，当时摄政圣德太子看到这份国书贬他们的统治者天子尊号为倭王时，与当初隋炀帝看到倭王国书时的心情一样，也是很不愉快。圣德太子还因为这个原因，而没有赏赐裴世清。

不过，尽管倭国执政者十分不满隋炀帝的骄横，但考虑到日后向隋学习交流之处甚多，所以没有过于计较国书的礼节问题。当裴世清回国时，倭国还是很热情地宴请相送，并又令小野妹子组成使团护送隋使归国。

这次随同的还有8名留学生，其中7名都是所谓已

裴世清 又名裴清，河东闻喜人。隋代外交家。正史无传，他的政绩很少为人所知，但他曾率领隋朝第一个政府级访日友好使团，为发展中日友好关系做出贡献。

文林郎 隋文帝时设置，在八郎中位第八，当时是从九品上。文林郎不是职官，而是散官。散官用来定级别，隋炀帝大业三年时废止。

■ 彰显万邦来朝的洛阳唐宫遗址

■ 隋代贡品——镶金边玉碗

经归化汉人的后代，另一人为新罗人。这充分说明，这一时期日本有较高文化修养的人，主要还是来自中国和朝鲜半岛的移民及其他们的后代。

608年年底，裴世清、小野妹子等人到达隋都长安。小野妹子向隋朝廷呈交倭王国书。鸿胪寺卿鉴于隋炀帝先前有"以后蛮夷的国书有无礼的，就不要再给我看了"的指示，就没敢将这份国书呈交隋炀帝。

实际上这次倭国的国书，措辞已经有所考虑。据说是圣德太子亲自撰写的国书，双方的称呼已改为"东天皇"与"西皇帝"，称隋朝皇帝为西皇帝，日本倭王为东天皇。不过，倭国坚持外交对等的用意还是显而易见的。

由于鸿胪寺卿没有将国书拿给隋炀帝看，因此也就没有留下什么不快的记载，隋日关系因而顺利发展。终隋一朝，日本前后遣使4次。日本学习到了隋的政治艺术。日本有"太子""皇位""御所""东宫""称制""诏书""陛下""殿下"等词汇，都是中国皇家专用的。

此外，留学生们在隋朝系统地学习了先进的汉文化和各种制度，许多人甚至滞留中国二三十年，跨越隋唐两代。这些人学成回国后，有的参与了后来日本的大化改新，对推动日本社会的进步做出了贡献。

大化改新 645年，孝德天皇宣布模仿中国建立年号，定年号为"大化"。孝德天皇颁布《改新之诏》，正式开始改革，史称"大化改新"。革新派以唐朝律令制度为蓝本，参酌日本旧习，从经济到政治方面进行了改革，规定了中央集权的封建国家体制，并诏书公布改新的内容，律令严格划分良贱的身份制。

■带有异域风情的舞蹈浮雕

据确切文字记载，中日官方友好交往起于中国汉代，盛于隋唐，此后虽然有所淡化但绵延不绝。正如日本历史学家井上清所言，通过这种交往，日本"恰如婴儿追求母乳般地贪婪地吸收了朝鲜和中国的先进文明，于是从野蛮阶段，不久即进入了文明阶段"。

阅读链接

隋朝时，倭王阿辈鸡弥遣使拜访隋，文帝派官员问倭国民俗。使者回答说倭王以天为兄，以太阳为弟，天还没亮就处理朝政，天一亮即停止，把白天的事交给他的弟弟太阳管理。

中国皇帝历来敬天，自称为天子，所以当隋文帝听到倭王把自己称作天的兄弟时，大为气恼，斥之为荒谬之论，并且训令改掉这个称呼。

尽管如此，双方没有因为观念上的差异而闹得太不快，双方还都注重有利往来这一大局，隋日关系因而得以顺利发展。

唐代对外经济与文化交流

■唐太宗李世民石刻像

　　唐朝时期的中国，是当时世界上最先进、最文明、最发达的国家。唐代的经济、文化空前发展，与外国的经济、文化交流，远远超过前代，和唐朝往来的国家甚多，因而，唐朝对外经济文化交流，有了进一步的发展，唐朝成了亚洲各国的经济交流中心。

　　此外，唐代所交往的国家还有非洲、欧洲的部分地区。唐朝对外关系的空前发展，在世界文化史上产生很大的影响。

唐代的政治、经济和文化得到空前发展，出现了大一统以来继汉武盛世之后的又一个盛世。唐朝执行开明的民族政策，使民族关系更加和谐，比如与吐蕃的"和同为一家"等。

与此同时，唐代积极发展与东亚、东南亚、南亚、中亚和西亚的友好往来，甚至还包括非洲和欧洲的部分地区，使外交呈现出前所未有的景象。唐代外交彰显了"大唐盛世"的风采。

在东亚地区，唐与新罗的关系很密切。新罗原居朝鲜半岛东南部，在唐前期，统一了朝鲜半岛的大部，史称"统一新罗"。

■ 唐代胡人俑

其商船经常往来于朝鲜半岛与中国的山东、江苏之间。唐从新罗输入药材、皮毛、金银和工艺品等，向新罗输出丝织品、茶叶、瓷器、药材、书籍、精致的金银器物等。

新罗在文化方面深受唐朝的影响。新罗派到长安的留学生是所有外国留学生中人数最多的。中国的文化典籍大量传入新罗。

朝鲜古代没有文字，最早使用的是汉文。7世纪时，新罗人薛聪利用汉字字形作音符，创制了"吏读"，以帮助阅读汉文。雕版印刷术在唐末五代时传

吐蕃 一词，始见于唐朝汉文史籍。7世纪至9世纪时西藏历史上创立的第一个政权，是一个位于青藏高原的古代王国，由松赞干布至达磨，共延续200多年。吐蕃时期的碑铭、木简、文书、经卷等，尚有大量保存至今，是研究吐蕃社会、历史的宝贵资料。

■ 唐代番邦使者朝贺场景

入新罗，佛教也由唐传入新罗。

新罗的天文，历法、服饰、艺术、建筑都受唐朝的影响，各项制度也大都模仿唐朝。朝鲜文化也传入中国，如唐太宗时的十乐曲中就包括"高丽乐"。

唐代与日本的有友好往来最为频繁。隋唐时期，日本正处于社会大变革时期。从隋朝时起，即不断派人到中国学习，到唐朝时达到高潮。日本先后派出遣唐使13次，另外还有未能成行的及迎送使节的迎入唐使和送唐客使6次，共19次。

唐初，日本派出的遣唐使团一般不超过200人，从8世纪初起，人数大增，如717年、733年和838年派出的3次遣唐使，人数均在550人以上。

在日本派出的遣唐使中有不少留学生、学问僧，他们长期在唐学习各种文化知识。中国的许多律令制度、文化艺术、科学技术以及风俗习惯等，通过他们

薛聪 字聪智，因曾入沙门，故自号小性居士。新罗国僧人。为新罗文武王时期的汉学家，他曾用朝鲜语解读九经，并整理了比较混乱的吏读文字，就是借用汉字标记朝鲜语的一种文字，使之系统化，对朝鲜古代文化的发展做出了贡献。

传入日本，对日本的社会发展产生了很大影响。

在政治方面，645年，日本参考隋唐的均田制和租庸调制，施行班田收授法和租庸调制；仿照隋唐的官制，改革了从中央到地方的官制；参照隋唐律令，制订了《大宝律令》。

在教育方面，天智天皇时期在京都设立大学，以后学制逐渐完备，各科学习内容基本上和唐朝相仿。

在语言文字方面，8世纪以前，日本使用汉字作为表达记述的工具。起初日本没有自己的文字，使用汉字记事。

9世纪时出现的日文字母"平假名""片假名"就是根据汉字创制的。相传平假名是学问僧空海所创，片假名是留学生吉备真备所创。这些新体文字的发明，大大推动了日本文化的发展。同时，日文的词汇和文法也受到汉语的影响。

在文学方面，唐代丰富多彩的文学，深为日本人所欣赏。唐朝著名作家的诗文集相继传入日本，其中形象鲜明、语言通俗的白居易诗，尤为受到喜爱。而留学生吉备真备、橘逸势等人对中国的诗歌和书法都有很深的造诣。

■ 鉴真东渡塑像

雕塑 是造型艺术的一种。又称雕刻，是雕、刻、塑三种创制方法的总称。指用各种材料创造出具有一定空间的可视、可触的艺术形象，借以反映社会生活、表达艺术家的审美感受、审美情感、审美理想的艺术。在原始社会末期，居住在黄河和长江流域的原始人，就已经开始制作泥塑和陶塑了。

在艺术方面，唐朝的音乐、绘画、雕塑、工艺美术等也纷纷传入日本。日本吸取了唐朝的乐制，并派留学生来中国学习唐乐。

日本宫廷还请唐乐师教授音乐，唐朝的不少乐书、乐器陆续传入日本。唐朝的绘画也深受日本人喜爱，经过日本画家仿效摹绘的画作，称为"唐绘"。

在科学技术方面，唐朝先进的生产技术、天文历法、医学、数学、建筑、雕版印刷等陆续传入日本。中国式的犁和大型锄传入日本并开始普遍使用。日本仿照唐的水车，制造了手推、牛拉、脚踏等不同类型的水车。

唐朝的《大衍历》《宣明历》，也被日本所采用。中国著名的医学著作《素问》《难经》《脉经》《张仲景方》《神农本草》和《诸病源候论》《千金

■ 颇具盛唐建筑风格的日本金阁寺

■ 唐代使节壁画

方》等书先后传入日本，他们结合自己的医疗经验，创建了日本的"汉方医学"。

7世纪以前，日本没有固定的都城，694年兴建了第一个都城藤原京，710年修建了平城京，794年修建了平安京，这些城市的设计、布局都是模仿的唐长安城。建筑所用砖瓦的纹饰也和唐代略同。

在唐代，中日交往史上最著名的人物是日本的阿倍仲麻吕和中国的鉴真。

阿倍仲麻吕，汉名晁衡，唐玄宗时来中国留学，在中国50多年，担任过唐朝的高级官员，工诗文，与王维、李白等是密友，后逝于长安。

鉴真和尚，俗姓淳于，扬州人，曾主持扬州大明寺。唐玄宗时，应日僧之请前往日本传授戒律。10多

张仲景 名机，字仲景，东汉末年著名的医学家，被后世称为医圣。相传他曾举孝廉，做过长沙太守，所以有张长沙之称。张仲景广泛收集医方，写出了传世巨著《伤寒杂病论》。它确立的辨证论治原则，是中医临床的基本原则，是中医的灵魂所在。

■ 扬州大明寺的名僧鉴真和尚铜像

夹纻像 是用漆涂裹纻麻布后脱空而成的佛像，又称干漆像、脱空像、搏换像、脱沙像等。由于唐代夹纻造像技术的发展，鉴真大师和他的弟子如宝等去日本弘化时，在日本奈良唐招提寺制造了千手观音等夹纻像，其构造的技艺极为精妙，至今仍被日本奉为国宝。

年间，5次东渡都失败了，第六次东渡方获成功，此时他双目已失明。

他除在日本传授戒律外，还将大量佛教经典、建筑技术、雕塑艺术以及医药书籍等传入日本，对日本的医学、雕塑、美术和建筑的发展影响甚大。后逝于奈良唐招提寺。

鉴真和尚对中日文化交流做出了巨大贡献，弟子为他所塑夹纻像，1000多年来，始终受到日本人民的景仰。

唐代与东南亚南亚的往来也很频繁。东南亚诸国在今中南半岛上的，当时有林邑，即今越南南部、真腊，即今柬埔寨、堕和罗，即今泰国南部等国；在今马来半岛上的有盘盘、狼牙修等国；在今印度尼西亚的有室利佛逝即今苏门答腊、诃陵即今爪哇等国。

这些国家都曾遣使与唐通好，有船只航行到中国。这里的香料、珠宝、棉布、犀牛、大象等，都输入中国；中国的丝织品、瓷器和工艺品也大量运往这些国家。

唐代与南亚的往来也很多。南亚的国家最重要的有师子国即今斯里兰卡、天竺即今印度、罽宾即今巴基斯坦北部、尼婆罗即今尼泊尔等，它们都与唐朝有经济和文化联系。

如师子国的船经常来广州，是当时来我国的最大的船只。天竺的天文、历算、医学、音乐、舞蹈、佛学、制糖技术，罽宾的珠宝、名马以及犍陀罗艺术，等等，相继传到我国。我国的丝织品、纸张、造纸术等也传到南亚诸国。

唐与天竺的文化交流主要是围绕佛教进行的。当时中国的许多僧人曾前往天竺求经，其中最有名的是玄奘。

玄奘，俗姓陈，河南缑氏人，即今偃师南。627年，他为到天竺求经，从长安出发，途经今新疆、中亚，访问了今印度、尼泊尔，巴基斯坦和孟加拉等国。他在佛教学术中心那烂陀寺等地研习佛学，成为佛学大师，获得很高的声誉。

645年，玄奘返回长安，带回梵文佛经657部，后译出75部，1335卷。他又撰《大唐西域记》一书，记载了旅途中所见所闻的138个国家的历史和地理等。这是研究中古时代中西交通和中亚、南亚以及西亚部分地区历史、地理的宝贵资料。

唐与中亚和西亚诸国保持着长期联系。波斯是西亚的重要国家，波斯，即今伊朗。唐初即与波斯有使节往来。唐高

天竺 是古代我国以及其他东亚国家对印度和其他印度次大陆国家的统称。天竺历史上相继出现了四大帝国：孔雀帝国、笈多帝国、德里苏丹国和莫卧儿帝国。在我国历史上，对印度的最早记载在《史记·大宛传》中。

■ 鉴真大师雕塑

■ 唐代外国使者俑

宗时，波斯遭大食的侵略，王子卑路斯曾来唐求援。

唐朝称阿拉伯为大食。波斯被大食灭亡后，波斯反抗大食的政治势力仍继续以国家的名义遣使来唐。许多波斯商人来唐经商，不少人留居长安、扬州、广州等地。波斯商人把珠宝、香料、药材等输入中国。中国的丝织品、瓷器等也大量输往波斯。

643年，位于欧洲东部的拜占庭帝国，即东罗马帝国遣使来唐，献赤玻璃、石绿、金精等物。唐太宗回书答礼，并回赠绫、绮等丝织品。

在唐前期，东罗马遣使7次。东罗马的皇帝、贵族、妇女都喜爱穿用中国的丝织品，所以当地成为唐朝丝织物的重要转输地。东罗马的医术和吞刀吐火等杂技也传到了唐朝。后来在西安、咸阳等地都曾发现东罗马金币。

7世纪初，伊斯兰教创始人穆罕默德统一阿拉伯半岛后，东灭波斯，西陷开罗，建立了势力达到中亚、南亚和北非的阿拉伯帝国。

651年，大食遣使和唐朝通好，此后，大食遣使来唐有37次之多。大食所辖阿拉伯一带商人到中国的也不少。当时，长安、洛阳、扬州、广州、泉州等处都有他们的足迹，不少人在中国定居落户，有的还在唐朝任职。他们运来香料、药材、珠宝等。

咸阳 地处"八百里秦川"腹地，是陕西省第三大城市，我国著名古都之一，为我国第一帝都。位于关中平原中部，渭河北岸，九嵕山之南，因山南水北俱为阳，故名咸阳。秦始皇统一全国后，咸阳成为全国政治经济交通和文化中心。

大食的天文、历法、数学、医学、建筑术等也传入中国。中国的丝织品、瓷器等，大量输往阿拉伯地区，造纸术、炼丹术、医学、养蚕和丝织技术也传入大食，并再传至其他地区。

近代考古工作者曾在伊拉克底格里斯河西岸的沙玛拉城遗址，发掘出大批中国陶瓷，其中有唐三彩、白瓷和青瓷3种，在北非的福斯特即开罗古城遗址中，曾发掘出唐朝的青瓷器。这些来自中国的工艺品正是中阿经济文化交流的历史见证。

经济的繁荣，国力的强盛，使唐王朝在国际上有很高的声望。许多地区和国家的使节、商贾、贵族、学者、艺术家、僧侣经常入唐贸易和访问。

当时和唐王朝通使的国家就有70多个，朝廷设置鸿胪寺来接待各国使节和宾客，设置商馆以接待外商，设置互市监、市舶司掌管对外贸易。太学中有为数众多的外国遣唐使，官府亦有胡人供职。

在当时，阿拉伯人、波斯人在唐长安城长期经营珠宝店、胡食店、酒店等。同时，中

111

中古时期

始通世界

■ 唐三彩马

■唐三彩使者俑

国发明的指南针、火药、造纸、印刷术、丝绸、瓷器、茶叶也在丝绸之路的运输工具骆驼的背上被带到西方。

这些伟大的发明再经阿拉伯人的传播，至12至13世纪进入了欧洲，它们被欧洲人用于科技、文化、航海、军事和社会生活之中，从而对文艺复兴之后的西方世界产生了长达几个世纪的广泛影响。

阅读链接

　　熊猫是国宝，而熊猫作为"外交使者"的历史可以追溯到唐玄宗时。685年，唐玄宗赠送给日本天武天皇两只大熊猫，从而开创了"熊猫外交"的先河。由此算来，"熊猫外交"已具有1300多年的历史。

　　按照日本的记载，当时唐玄宗送给日本天武天皇的是"两只白熊"，所以后世一直认为这两只白熊是北极熊。

　　后来，还是由于中国大熊猫专家的考证说，当时长安的皇苑内就有大熊猫，因此所谓的白熊应该就是大熊猫。这是史书记载的"熊猫外交"第一例。

广交天下

从五代十国至元代是我国历史上的近古时期。五代十国时用间谍外交，在一定程度上影响了具体战役或政治军事斗争的成败。

宋朝因外敌频繁，外交使节在履行使命的同时，也努力获得诸国信息，以此为朝廷制订外交政策的重要依据。

元代从蒙古人远征开始，就把外交足迹带到了远方世界，在地域上呈现出连通欧亚、衔接大洋的前所未有的态势，使中西方交流在空间和内容上变得更为广泛。

五代十国时期的用间外交

五代十国时期是我国最后一个大分裂的时代，各种力量纵横捭阖。在乱世之下，信任危机严重，这时使用间谍的外交大行其道，也为其打上了鲜明的时代烙印。在这一时期，间谍出现的次数之多，分布之广，为历史所罕见，仅留下名字间谍的就有9人之多。

而且这一时期的用间外交类型俱全，常采取设法打入对方内部，传递假情报、散布流言、扮演双面间谍等方式。用间外交对割据势力的成败曾起一定的作用。

■ 后梁太祖朱温画像

五代十国外交中的"国家"概念相对于今天来说，既可能仍然是今天意义上的国家，如高丽、日本、暹罗等，也可能已经成为我国现在的一个民族，成为我国不可分割的一部分，或者已经淹没在历史的长河中，与中华民族水乳交融，无法分割了。

■ 五代时期金书铁券

狭义理解外交立论，并通过对历史上某个"朝代"的对外交往的研究，可以找寻历史规律，发掘历史本质，为今天的对外交往提供帮助。

作为一个大分裂的时代，五代十国时期，间谍出现的次数之多，分布之广，为历史所罕见。用间外交是不流血的战争，间谍其实就是演员，他们为自己的国家利益扮演着不同角色。

朱温建立的后梁是五代的第一个朝代。朱温建立后梁时，唐末藩镇军阀、岐王李茂贞与后梁对抗，联合王建和李克用写了讨伐朱温的檄文，声称要兴师问罪。朱温率军围攻盘踞在凤翔的李茂贞，双方激战累年陷于胶着状态。

这时，朱温便让骑士马景配合，实施苦肉计，向李茂贞散布假情报。然后令各营做好了两日的干粮，秣马饱士，待马景事成，发起攻击。

在定下计策的第二天，马景随一队人巡视阵地，

用间 是指使用间谍的方式侦探敌方或对方情况的一种策略。用间的方式有5种：乡间。是利用敌国乡人做间谍。内间。是利用敌方官吏做间谍。反间。是利用敌方间谍为我方所用。死间。是制造假情报的人。生间。是侦察后能活着回来报告敌情的人。

■ 《卓歇图》

历代外交与文化交流

朱温（852年—912年），原名朱温，归唐后赐名朱全忠，称帝后又改名朱晃。907年，他废唐哀帝，自行称帝，改名为晃，建都开封，国号为"大梁"，史称"后梁"，后人称为梁太祖。封李柷为济阴王，次年又杀李柷，自此唐朝结束近300年的统治，我国进入五代十国时期。

行至半道，马景突然跃马西去，巡视阵地的队伍假意追赶了一阵。

马景至凤翔城下，高叫"开门"，说有要事禀报岐王。凤翔守将见其孤身独骑，便放他进入了城门，带着他去见李茂贞。

马景一见李茂贞就说："朱温已经撤军，只有伤病者近万人守营，这些人今晚也将离去。现在机不可失，请岐王速速出兵！"

李茂贞掌书记王超道："怎知你此话为真？"

马景道："朱温暴虐，我久已想反！"说着，就脱去上衣让岐王等人看。

李茂贞看到，马景的背上杖痕累累，皮开肉绽。王超道："这小小苦肉计，如何能瞒得过岐王呢？"

李茂贞一听，喝道："拖出去斩了！"

左右立时将其拖出，马景大叫："冤枉！"

这时，李茂贞的侦骑来报，梁营整日不见做饭烟火，寂然无声，如空营无异。

李茂贞对王超道："看来马景所言确是实情！"

李茂贞将马景放回，说道："壮士受惊了，本王就信你的，这就出城扫荡梁军，待本王得胜回来，自然重重赏你！"

马景道："我愿随大王出战，以报杖打之恨！"

李茂贞道："你杖伤未愈，不宜出战，就在此静候佳音吧！"

马景知道，李茂贞这是以他为人质，便说："好吧，大王此去，定当高奏凯歌！"

李茂贞遂调集全军，大开城门，直向梁营杀去。待杀近各营，忽听朱温的中军大帐鼓声雷动，霎时间，寂寂无声的上百座梁营，精兵尽出。岐军被杀了个猝不及防，连忙后撤回城。

就在这时，朱温事前埋伏在各城门口的数百骑军呼啸而至。岐军进退失据，自相践踏，几乎全军覆没。李茂贞最终屈服。

朱温以间谍打入敌方阵营，用假情报引敌上当，成功实现了战略构想，由此打破了围城僵局，最后彻底控制了唐朝廷。

在五代十国时期，挑拨关系、除掉人才以清除阻碍，是各政权的外交策略之一。与其相适应，对邻国

李茂贞 原名宋文通，字正臣，深州博野，今河北蠡县人。唐末藩镇军阀，五代时期岐王。曾经开岐王府，妻称皇后，各种仪式都跟皇帝一样。后向后唐称臣，封秦王。在凤翔败于朱温。

掌书记 全名节度掌书记，唐代官制，707年设置，为从八品，类似汉代至南北朝时期的记室参军，为掌管一路军政、民政机关之机要秘书。

■ 五代南唐《射骑图》

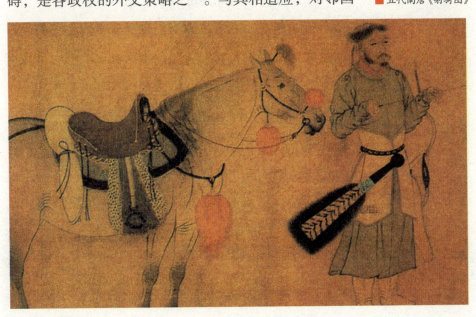

■ 南唐后主李煜像

南唐 五代十国的十国之一，定都金陵，历时39年，有先主李昇、中主李璟和后主李煜三位帝王。南唐三世，经济发达，文化繁荣，使得江淮地区在五代乱世中"比年丰稔，兵食有余"，为我国南方的经济开发做出了重大贡献。

实施的间谍活动也以此策略成为显著的特征。

最典型的就是中原政权与南方的南唐政权之间的用间。当时东北的契丹已成为双方争取的对象。

先是南唐为牵制中原政权南下，设法挑拨契丹与中原的关系，以期两者相攻，无暇南顾。而当契丹与后晋约为父子之国时，南唐更是潜心寻隙破坏。

五代十国各政权在争霸过程中，大量提拔和引进人才的同时，也极力破坏其他国家的贤能之士。

因而，各种用间外交活动往往围绕敌方阵营中的重要人才而展开，目的就是剪除对方的人才，为自己清除前进道路上的阻碍。

比如荆南的高季昌，为了自身安全而不愿马楚王朝强大，他将矛头对准了马楚重臣高郁。他一面派间谍大造高郁的流言蜚语，一面亲自寄书南楚君主马希声，表示"愿为兄弟"。

高季昌派出的间谍四处活动，致使马楚国内流言四起，到处传言"郁谋代马"，意思是高郁正在密谋取代马希声。内外两种因素助推了高季昌的用间活动。马希声很快中计，先是杀高郁不成，接着又罢高郁兵柄。高郁盛怒之下宣泄怨言，马希声借此将高郁杀掉，并诛其族党。

在当时，十国政权多由臣属于中央王朝的地方政权转化而来，有着先天的割据性特征，相互间难以整合。而中原政权在政治上承袭中央王朝的衣钵，向来以正统自居，将十国视为不正统。

如吴越国第一任君主钱镠始终向中原称臣，临终仍告诫后人遵循此道。可见，这种正统观念在当时也是根深蒂固的，这使中原政权在用间外交中具有很强的优越性。

最为典型的就是宋灭后蜀前的使者叛变事件。后蜀曾派人联络北汉共同夹攻新建的宋朝，但使者孙遇、赵彦韬、杨蠲竟投靠宋朝成为对方的间谍，宋便以此为借口出兵灭掉后蜀。

之所以会出现这样一边倒的局面，是因为自秦汉隋唐以来，大一统的思想早已深入人心，分裂时代生活在水深火热的人民厌恶割据分裂，盼望早日统一安定，而中原政权在乱世中往往承载着更多的统一希望。因此，即便是在诡秘的间谍战中，也无处不彰显出所谓正统王朝的优越性。

用间外交在政治和军事领域的应用，对五

■ 五代十国时期的青釉提梁倒注壶

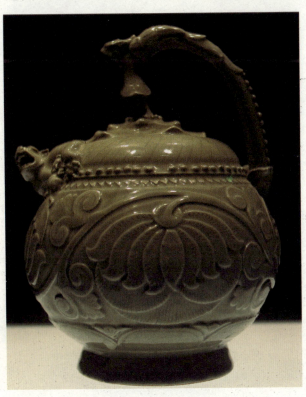

五代时期的青釉凤首执壶

代十国各割据政权力量的消长及兴亡起到了加速或延缓作用。

当然，用间外交作为军事政治斗争的隐蔽战线，其作用又有一定的局限性。即使成功的间谍活动其影响程度往往也是暂时和局部的。

如果从当时渐至统一的历史大势来看，间谍的作用则更为弱化。因为长期的分裂割据和战争给百姓造成了深重的灾难，随着南北方经济和文化的交流，统一已经成为民心所向，而北方中原的正统地位和政治相对清明也决定了民心北属。这一切都非一时一地的间谍活动所能扭转的。

总之，五代十国时期各国间的外交离间之频，造乱之剧，转逆乾坤之奇，已经成为那段大分裂历史中映现的一道色彩斑斓的风景。

阅读链接

朱温称帝后，对手下大臣疑心重重。这天，朱温突然来到大将军李勇家。李勇连忙布置下去，设宴款待。

宴席上，厨子端着一盘鱼上来，还没放上桌，朱温突然脸色一变，命身后的卫士将厨子抓住。

李勇见状大惊，忙问出了什么事。

朱温怒气正盛："此人竟然藏剑于鱼腹！"

厨子连声喊冤。

这时，朱温的卫士伸手将那条鱼撕开，取出一把短剑。结果，厨子被杀。而李勇也因窝藏刺客罹难。其实，这一切都是朱温想除掉李勇而一手策划的。

吴越国与海外诸国的外交

钱镠建立的吴越国是五代十国时期存在时间最长的一个，也是当时数个政权中政局最稳定、结局最完美的一个。

吴越国历任君主以"保境"方针为指导，积极主张与海外诸国进行友好往来。

吴越国依靠其发达的海上交通，与朝鲜半岛诸国以及日本等国家建立起政治关系和贸易关系，改善了外部环境，促进了经济发展。

■ 吴越国王钱镠塑像

■ 吴越国金龙

钱镠从建立吴越国一开始，就采取"保境安民"的战略方针，发展与海外诸国的交往。"保境安民"，实际上包括外交和内政两个方面。如果单从外交上讲就是为所谓"保境"，即通过与各国修好，为自身的稳定和发展创造一个良好的外部环境。

为了"保境"，吴越国积极发展国与国之间的官方往来，并扮演者重要角色。

在吴越国与朝鲜半岛诸国的官方往来，见于史籍记载的有不少。后百济的建立者甄萱遣使吴越，不仅带有"进马"之类贸易上的目的，更重要的是，为了对付弓裔、王建与新罗王室，甄萱迫切需要在此之外寻找政治上的支持。

当时后三国的战争主要在新兴军阀后高句丽与后百济之间展开，后百济与新罗之间也是小战不断，而高丽与新罗之间一直保持着友好同盟关系。

吴越国还曾为百济、高丽两国进行调停。这一年

后百济 朝鲜半岛后三国之一，都城光州。后百济建立者为甄萱，年号正开。918年，甄萱遣使来到吴越，向吴越王钱镠上贡马四匹。从这一举动看，后百济显然是把吴越当成了"上国"。

甄萱攻陷了新罗的首都，导致王建兴兵讨伐，甄萱在战争中处于劣势，被迫求和。

从钱镠把颁给高丽、百济的文书称为诏书，在诏书中称甄萱为卿，以及甄萱、王建在提及吴越国时极其恭顺的语气来看，在双方的外交地位上，吴越国处于绝对优势地位。

当时中国陷于分裂，在与"外夷"的交往中各行其是，缺少一个公认的中央政权；占据中原的五代王朝最有力量担当起这个角色，但它内部纷乱不已，与外邦的交往相对减少，甚至中断了。

作为海洋之国的吴越国，地处于他们进行来往的前沿，在这种特殊的形势下便代表中国大陆在"外夷"面前扮演起宗主国的角色。吴越国君主钱镠调停高丽、百济两国这件事就是证明。

吴越国与日本的外交，在五代十国时出现高峰，既有官方的遣唐使，又有民间的僧人、学者和商人。

当时日本人学习中国文化的热情非常高涨，在政治与文化的交往中绝大多数都是他们采取主动。而在经济交流中采取主动的常常是中国人。

在五代十国时期，中日

王建（877年—943年），字若天，是中世纪时一个朝鲜半岛上的国家高丽王朝的开国君主。死后得庙号太祖，谥号"应运元明光烈大定睿德章孝威穆神圣太皇帝"，葬于显陵。

■ 五代时期的越窑瓜棱执壶

■ 吴越国的鎏金银
阿育王塔

钱弘俶 （929
年—988年），初
名弘俶，小字虎
子，改字文德，
钱镠孙，钱元瓘
第九子。是五代
十国时期吴越的
最后一位国王。
宋太祖平定江
南，他出兵策应
有功，授天下兵
马大元帅。后入
朝，仍为吴越国
王。978年，献所
据两浙13州之地
归宋。

交往绝大部分是日本与吴越国的交往；同时，双方的交往大部分是纯商业往来，即使政府间的往来也是通过商人进行的。

在吴越国的5位国主中，钱弘俶在位期间，与日本的交往进入高潮。有许多人以使者身份多次赴日，两地人来物往，飞鸿传书，保持着密切的关系。

除了国与国政府间的交往，最能体现外交成就的当属贸易往来。在战火纷飞的年代，吴越国为保一方平安和经济繁荣，对外贸易应运而生。吴越国濒临东海，造船和航海技术均比较发达，因此在五代十国时与海外诸国交往最为频繁。

往来于中日间的吴越商人，可见于文献的有蒋承勋、季盈张、蒋衮、俞仁秀、张文过、盛德言等，他们都拥有自己的船舶。

吴越国在航海中常常利用季风，夏季从杭州湾出发，横越东中国海，顺风驶达日本，秋后再乘东北风返航回杭州。

吴越国商船大多从明州港，即今宁波出发，东渡至肥博多津，即今日本福冈市博多港登岸入日，开展经营贸易。吴越国商船为此间的中日文化交流起到了沟通和桥梁的作用。

与此同时，来吴越国的外国船只也纷纷涌入杭州湾，带来了琳琅满目的洋货。可见，杭州商贸已经扩大到跨国海外贸易。

当时的杭商与日本的贸易比较频繁。那时的日本处于醍醐天皇和村上天皇统治时期，实行"锁国政策"，禁止日本船只出海，因此两国之间的官方往来很少，以民间贸易为主。

仅从日本的史书中所见，前后算来，商船往来有14次，而实际上恐怕次数要更多。这些往来的船只，全是中国船，日本船一只也没有。

而中国船中，几乎又都是吴越的船只。当时贩去的货物以香料和锦绮等织物为主，而日本方面用来做交易的则以砂金等物为主。

除此之外，因为文化交流的需要，名家诗文、经卷、历书等印刷品和佛画、佛像等也大量输入日本，

古代明州港贸易复原图

杭州湾 位于浙江省的东北部，西起澉浦和西三闸断面，东至扬子角和镇海角连线。五代十国时期，杭州湾是吴越国驶达日本的出发港口，也是日本来华的船舶聚集地。

沉木 又叫"流木"。"流木"是国外的叫法，"沉木"是我国的叫法。在水草造景的材料中，凡是可放进水中不致浮起，不影响水质，都可以成为造景材料，但是其中最能营造出自然效果，又可和水草无暇地融合，就数沉木和石材了。

这些文化产品很受海外市场的欢迎。

吴越与朝鲜半岛上的后高丽、新罗、后百济诸国也互有商务往来和文化方面的交流。

当时有一个叫王大世的朝鲜人，选用了1000斤非常贵重的沉木，把它制作成了一座"旖旎山"，吴越王愿意拿出500两黄金向他购买，王大世竟然不肯出售。但吴越王没有强行索取。这说明了吴越国对外贸易往来也是平等交易，买卖自由的。

印度古称为天竺。据《西湖游览志》卷二记载，吴越国时，曾经有一个叫转智的印度僧人，经海路乘船从杭州回到西天竺。

据《文物参考资料》第二十八期的有关报道，印度的勃拉名纳巴特，在唐、五代时是个繁华的城市，后来才衰微颓败。

20世纪以来，考古学家曾在该城的废墟中发现有越州上林湖烧制的青瓷器，应该都是这些僧人从海船中带回他们本土的。这也表明吴越国时期，两国之间有着频繁的贸易往来。

吴越国与阿拉伯地区也有经济交流。五代时，阿拉伯帝国处于阿拔斯王朝统治时期，首都巴格达，国势最强盛时，领土横跨欧、亚、非三洲。

吴越国从大食国输入的火油，

■ 青釉刻花莲瓣纹带托盖

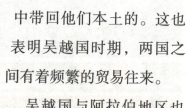

■ 吴越国象征权力的青铜龙

究竟是吴越商人直接贸易输入还是间接得来，缺乏考证，不得而知。火油即石油，吴越的舟师水军把火油用于军事。

　　吴越国派出的使者，东到日本，北往高丽、契丹，南迄林邑、婆利，西至大食、波斯。使节的往来，促进了文化、商贸、宗教等方面的交流。

阅读链接

　　　　钱镠当上节度使以后，摆起阔绰来。他的父亲对他很不满，常常有意避开他。钱镠得知父亲回避他，心里不安。

　　老人说："我家世代都是靠打鱼种庄稼过活，没有出过有财有势的人。现在你挣到这个地位，周围都是敌对势力，还要跟人家争城夺池。我怕我们钱家今后要遭难了。"

　　钱镠听了，表示一定要记住父亲的嘱咐。钱镠就是靠他的谨慎小心，一直保持他在吴越的统治地位。吴越国虽然小，但因为长期没有遭到战争的破坏，经济渐渐繁荣起来。

宋朝政治外交与经济贸易

宋朝的政治外交对象主要是辽、夏和金三个少数民族政权。宋朝在政治外交上采取议和苟安的传统国策，针对不同的外交对象，给予不同的馆待礼遇，并使之专门化。宋王朝还在京城设置了大型的外交接待的馆驿，作为国家接待各国使节的重要地方，每个外交馆驿都有比较严格的管理条例作为其制度化管理的依据。

宋朝的对外文化和经济贸易往来非常频繁，其活动以华夏文化为轴心，遍及整个亚洲乃至非洲，对世界文明的发展做出了贡献。

■ 宋太祖赵匡胤画像

宋朝时前后出现了契丹族建立的辽、党项族建立的夏和女真族建立的金3个少数民族政权。

辽与金国都对宋朝构成巨大威胁，其外交事务主要由枢密院的礼院负责，包括文书往来、使节派遣和一切接待事宜等。

其他如西夏及高丽和交趾等国，由于宋朝视它们为藩属国，所以发出的外交文书和礼物等皆称"制诏"或"赐"，对其国家外交称为"册封"。

■ 番王礼佛图

宋朝在京城设置许多外交接待馆驿，作为国家接待各国使节的地方。当时辽国在都亭驿，西夏在都亭西驿，高丽在梁门外安州巷同文馆，回鹘、于阗在礼宾院，三佛齐、真腊、大理、大食等国家在瞻云馆或怀远驿。此外，宋朝专门设置主管往来国信所，作为负责与辽、金交往的具体事务机构。

宋朝有名的外交家有富弼、沈括与洪皓。富弼在外交上面对大军压境的辽国时屡立奇功。他以理挫败自傲的辽使，迫使辽使行参拜之礼，后又两次出使辽国，挫败辽国割地要求。

富弼分析宋、辽、西夏三国的关系，认为辽与西夏强盛的原因是获得资源与人力而致，并且协助宋朝撬开辽夏同盟，使宋、辽、西夏三足鼎立的格局逐渐稳定下来。

沈括曾为宋辽边界问题出使辽朝。1075年，辽朝

富弼 字彦国，宋代洛阳人。官为开封府推官、知谏院，知制诰、枢密副使、知郓州、青州，枢密使，进封"郑国公"，出判亳州。辽重兵压境，遣使求关南地，富弼奉命出使辽朝，拒绝割地要求，以增加岁币而还。

■ 沈括（1031年—1095年），字存中，号梦溪丈人。生于北宋钱塘，即今浙江杭州。是北宋时一位博学多才、成就卓著的学者，也是11世纪世界一流的科学家。所著《梦溪笔谈》在世界文化史上也有重要的地位。沈括也曾经出使辽国。

派大臣萧禧到东京，要求划定边界。宋神宗派大臣跟萧禧谈判，双方争论了几天，没有结果。当时宋神宗派去谈判的大臣不了解那里的地形，明知萧禧提出的是无理要求，又没法反驳他。宋神宗就另派沈括去谈判。

沈括先到枢密院，从档案资料中把过去议定边界的文件都查清楚了，证明那块土地应该是属于宋朝的。他向宋神宗报告，宋神宗听了很高兴，就要沈括画成地图送给萧禧看，萧禧才没话说。

宋神宗又派沈括出使辽都上京。沈括首先收集了许多地理资料，并且叫随从的官员都背熟。到了上京，辽朝派宰相杨益戒跟沈括谈判边界，辽方提出的问题，沈括和官员们对答如流，有凭有据。最后，辽朝官员只好放弃了他们的无理要求。

沈括带着随员从辽朝回来，一路上，每经过一个地方，把那里的大山河流、险要关口，画成地图，还把当地的风俗人情，调查得清清楚楚。回到东京以后，他把这些资料整理起来，献给宋神宗。宋神宗认为沈括立了功，拜他为翰林学士。

洪皓在南宋危难之时出使金国，被拘15年，但仍不愿投降金国。洪皓曾屡次派人向被囚禁在五国城的

五大名窑 指宋代生产瓷器的汝窑、官窑、哥窑、钧窑、定窑5个窑口，后人统称其为"宋代五大名窑"。宋代的五大名窑的形成和出现，是中国陶瓷在世界文明史上崭露头角的开始，这个时期奠定了中国陶瓷在世界范围内不可动摇的主导地位。

宋徽宗、宋钦宗及在临安的宋高宗秘密传递消息。归国后，宋高宗称他胜似当年出使匈奴的苏武。

在宋朝，使节的主要任务是履行外交使命，但同时都兼负信息搜集之责。宋朝通过多种途径获得诸国方位、风土物产等一般信息和军情政情，极大地丰富了宋朝对境外世界的认识。

宋朝的对外文化和经济贸易遍及整个亚洲并远至非洲。在交往活动中，宋代向海外输出的商品，除传统的丝织品外主要是瓷器。

北宋的制瓷业，在生产技术、花色品种等方面都达到了空前的水平。五大名窑的产品，由于做工精细、式样典雅，是海外诸国争相购买的商品。开封官窑、越州哥窑就设在运河沿岸，其他名窑如定州定窑、汝州汝窑、禹州铜窑的产品从运河运往杭州，转至明州、广州港运往海外各地。

由于瓷器是易碎之物，用陆路运输远不及水运安全便利，因此，大运河为中原瓷器由产地直接装船运往日本、高丽、南亚、波斯及非

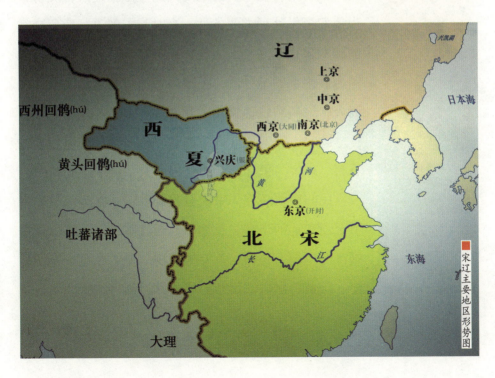

宋辽主要地区形势图

■ 大宋天贶殿

漆器 用漆涂在各种器物的表面上所制成的日常器具及工艺品、美术品等，一般称为"漆器"。在我国，从新石器时代起就认识了漆的性能并用以制器。历经商周直至明清，我国的漆器工艺不断发展，达到了相当高的水平。我国是世界上最早发现并使用天然漆的国家。在7000多年前的浙江余姚河姆渡原始文化遗址中已经出土了木胎涂漆碗。

洲、欧洲提供了最为便捷可靠的条件。

当时由海外来宋朝的使臣商人以大食和高丽人为最多。这些外国使臣就用宋朝所赐的大量银两在京师开封或其途经之地，购买王室贵族或本国所需之物，如中国的丝绸、瓷器等满载而归。大运河沿岸的杭州、苏州、明州、真州等地都是他们聚集交易之所。

宋朝政府也鼓励各地商人到使臣驻地进行交易，为他们提供种种方便条件。当时与宋朝进行商贸交往的国家多达50多个，为此，政府在开封设立掌管与外国通商之事的榷易署，把国内各地货物增价卖给外国商人，最高额曾达到50多万贯。

同时，政府还允许中国商人将一部分南海舶来的香料、珠宝、象牙转卖给外国商人，从中赚取利润。

民间商贾还在汴京大量收购香料，在运河装船南下至浙东运河出海，长途贩运至日本，随船还带去中国产的丝绸、瓷器、茶叶等货物。他们在日本换回砂金、硫黄、水银、绢布、扇子、刀剑等，将满船日货沿运河载入汴京市场出售。

当时汴京的相国寺一带就是繁华的交易市场，在那里可以看到日本的刀剑、绘画扇、屏风等。

高丽国是与宋朝交往最密切的国家，宋神宗"待高丽人最厚，沿路亭传皆名高丽亭"。双方贡赐数额巨大，不可胜数。这种对外交往中的贡赐，在古代社会里，其实质是一种带有商业色彩的贸易行为。

高丽人善于舟楫，宋代运河与海路相连，为宋与高丽的交往提供了极为便利的条件。高丽将良马、金银、铜器运入中国，换回大量的瓷器、茶叶、漆器。

由于双方贸易频繁，宋朝政府在浙东运河沿岸的明州设立"来运司"专门负责与高丽的往来贸易业务，并配备巨舰两艘、小船百余只供高丽商人使用。又在明州设立高丽行馆，为高丽商人提供食宿之便。

高丽政府每次遣使到宋朝都要搜求大量书籍，宋朝政府也多次向高丽赠予大量的经卷典籍。这些书籍由开封借助运河运往明州出海。

宋代造纸业、雕版、活字印刷技术发展很快，刻书业也很发达，为适应海外客商使臣的需求，在运河沿线出现了许多印书坊。当时开封、杭州是全国印刷业的中心，民间商人常私刻中国经籍，由运河运往高丽出售。许多书籍流入高丽，对朝鲜文化产生了很大影响。

随着商业贸易的频繁往来，日本与宋朝的文化交流也不断发展，其主要表现是两国间佛教徒经常性的互访。

宋太宗时日僧成算等乘宋商船渡海

宋神宗（1048年—1085年），赵顼，原名仲针。宋朝第六位皇帝。即位后，命王安石推行变法，以期振兴北宋王朝，由于改革操之过急，不得其法，最终失败收场，不过神宗还是维持新法将近20年。

■ 宋代帆船模型

古代外交

历代外交与文化交流

■ 宋元时期帆船

炼丹术 是古代炼制丹药的一种传统技术，是近代化学的先驱。我国炼丹术的发明源自古代神话传说中的长生不老的观念。最早热衷于炼丹术的是西汉的淮南王刘安，他在他的宫中召致方士千余人修炼金丹和表演特异功能。

入宋，参拜天台山后入运河乘船北上到达宋都汴京，觐见宋太宗后又入汴北上五台西巡龙门，再转回汴京。宋太宗礼遇甚厚，赐予宋版《大藏经》及许多中国典籍。4年后日僧又西渡入宋，由汴河南下台州后乘宋商船返国。

数年后，日僧寂昭、元灯等相继来到宋朝，宋真宗分别授予大师称号，赐给紫衣，事后他们亦顺汴水南下至江南，在苏州吴门寺留住多年。

南宋时期由于淮河以北的广大地区被女真人占据，南宋政权控制下的运河仅剩下淮河以南河段。临安段运河充分发挥了它的作用，维系着首都与海港的交通运输，使余杭四明，通藩五市。

南宋政府亦投入较大的人力物力疏浚运河河道，维护堤岸，使这段河道保持畅通。当时由于运河通航条件良好，南方相对稳定，外商入南宋人数逐年增加，运河沿线市井繁荣、交易活跃。两宋时期，中国和西亚地区的关系有进一步的发展。当时中国贩运到阿拉伯地区的货物，主要有丝织品、瓷器、纸和麝香。

中国的广州、泉州、扬州，则是阿拉伯商人频繁往来的地方，他们通常贩运香料、药材、犀角、珠宝到中国，再收购丝绸、瓷器等商品。

当时在广州、泉州城内，还居住着许多阿拉伯富商。阿拉伯人把阿拉伯文化，如天文、历法、医学等介绍到中国，又把中国文化传播到西方。

中国的造纸术、炼丹术、火药、指南针等，就是由他们先后传播到非洲和欧洲，对西方文化的发展起了很大的作用。

宋朝和非洲也有交流。在东非海岸的摩加迪沙、布腊伐、桑给巴尔、马菲亚岛、基尔瓦群岛等地，都不断发现那里遗存下来的唐代和宋代的钱币；在格迪、奔巴岛、桑给巴尔、坦噶尼喀和基尔瓦群岛，也曾发现宋代的瓷器和瓷器的碎片。这些都是中国和非洲交往的历史见证。

汴京 开封古称东京、汴京，亦有大梁、汴梁之称，简称汴，有"十朝古都""七朝都会"之称。汴京是清明上河图的原创地，有"东京梦华"之美誉。北宋汴京是当时世界最繁华、面积最大、人口最多的大都市。

阅读链接

沈括为了维护宋朝边境的安全，十分重视地形勘察。有一次，宋神宗派他到定州去巡视。他假装在那里打猎，花了20多天时间，详细考察了定州边境的地形，还用木屑和融化的蜡捏制成一个立体模型。

回到定州后，沈括要木工用木板根据他的模型，雕刻出木制的模型，献给宋神宗。这种立体地图模型当然比绘制在纸上的地图更清楚。

后来沈括又完成了《天下郡国图》，这是当时最准确的一本全国地图，对界定与周边国家的边界有重要价值。

元代广阔区域的外交往来

　　蒙古建立连通欧亚两大陆、衔接三大洋的超级帝国，使东方与西方的交流，出现了地域广阔的发达景象。

　　元代在地域上与亚洲、非洲、欧洲各国建立了多种联系，交流范围空前扩大。商人、教士与使节往来更为频繁。

　　元代的对外交流，使我国先进科技成果广泛外传，极大地促进了世界文明的发展。中华民族的外交活动风格，在这一时期时进入到一种空前的"崇尚胡人胡风"的境况中。

■ 元世祖忽必烈画像

■ 元仁宗（1285年—1320年），元朝第四位皇帝。他在位期间，减裁冗员，整顿朝政，推行"以儒治国"政策。死后并未传位武宗之子和世㻋，而是传位其子元英宗硕德八剌。

元仁宗

在元代，我国和高丽之间的经济、文化交流有了进一步发展。元代曾在高丽王京派驻达鲁花赤，但不直接干预政务，只负监视之责。还在高丽设置征东行省，但不派行省官，就以高丽王为行省丞相，原有机构不变。因此，在元代高丽基本上保持了独立地位。

元初，高丽博士柳衍从江南购得经籍1.08万卷回国。两国商人、僧侣将本国的大批书籍运入对方境内。元仁宗赠给高丽宋秘阁旧藏善本3400多册。

"程朱理学"传入高丽。高丽人在大都获得《朱子全书》新版，带回国去，在太学讲授。后来，白颐正又从大都带回许多"程朱理学"著作，在太学宣讲。接着，朱熹《四书集注》由秘书省书籍所刊行，这是权溥建议的结果。理学在高丽广泛传播，使得李谷、李齐贤、李先穑等理学大师脱颖而出。

当时的高丽语言传入中国，元代宫廷中许多人都会讲高丽语，连守卫宫门的卫士也学得高丽语。

元代，很多高丽人来到中国，他们中有不少人就侨居在各地。其中做官的也不在少数。许多学者和僧人，由于他们精通汉文，有些是奉命出使而来，有

达鲁花赤 大蒙古汗国和大元朝的官名，为所在地方、军队和官衙的最大监治长官，也是蒙元时期具有蒙古民族特点和设置最为普遍的官职，始设于成吉思汗时期，有元一代置而不废。

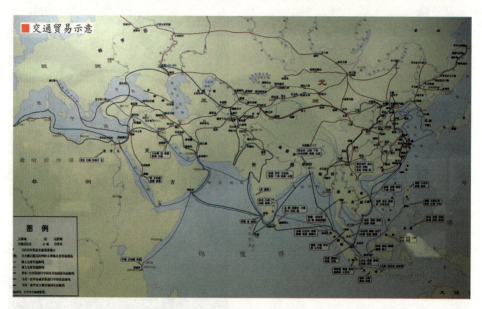

■ 交通贸易示意

些是私人前来游学。在中国，他们广交文人，彼此相互切磋，唱和酬答，建立了十分密切的关系。

　　1261年，高丽王来到上都，即今北京，随同的国相李藏用对汉文学有很深的造诣，曾出席中国诗人的文会。高丽著名诗人李齐贤的诗集《益斋乱稿》，被认为是朝鲜文学史上的优秀古典作品。

　　中国和日本是一衣带水的邻邦。唐代，两国的文化交流极为繁盛。元代虽两次侵袭日本，但两国民间的经济文化交往，仍很密切。自1305年至1350年，有33年都有日本商船来元代。元代和日本两国僧人互相访问极为频繁，据日本史学家木宫泰彦统计，来华日僧仅知名者即达220余人。1326年，元代一次就遣日本僧瑞兴等40人回国。

　　元代许多高僧的墨迹传到日本，对日本的书法影响不小。日本的一些书法家的作品，也深受元代文人的重视。元代文人的诗画得到当时日本文人的赞赏。

　　当时有许多僧人到日本传授禅宗学说。1299年，妙慈弘济大师奉元成宗之命出使日本，先后住持建长、圆觉等寺。妙慈弘济大师居日本19年，传授禅宗学说，日本称其为"一山派"。

妙慈弘济大师把程朱理学传到日本，他培养的弟子虎关师炼是日本理学先驱。程朱理学和禅宗学说融为一体，长期成为日本统治阶层的思想武器。他圆寂后，日本天皇特赠国师封号。

当时的中南半岛诸国如安南、占城、真腊、缅国，与元代一直保持着密切联系。安南也叫交趾。安南国主陈圣宗也遣使报聘，元世祖封他为安南国王。安南在陈朝时，多以儒臣充任使者，派往元代，因而他们得以结识元代文人学士，赋诗赠答。安南国王还遣使入元，请赠佛经。元代流行的杂剧对安南歌剧艺术的形成颇具影响。

1324年，元代使臣文子方出使安南，回国后著《安南行记》，载其国山川土俗。留居我国的安南人黎景高著有《安南志略》一书。

1357年，占城国主遣使元代。次年，元代封之为占城国王。后来元代与占城国的关系一度恶化，进兵侵掠占城。元成宗即位后，下令停罢征南之兵。从此元与占城使节往来不绝。

真腊自称甘孛智，即今柬埔寨，很早就与中国交通往来。元成宗初年，元代遣使真腊，随行人员中有周必观，他到达真腊都城吴哥，撰成《真腊风土记》一书。书中描述的当时真腊人民所用的生活日用品，都购自于元代。元时，有许多中国人侨居真腊经商，并娶当地妇女为妻。《真腊风土记》一书的完成，增进了中国人民对真腊的了解，也为今柬埔寨人民保存了可贵的历史资料。

暹国又称泰国。1282年，元代遣使暹国，因航路受阻，未至其国。至1292年，暹王遣使携国书至

八思巴文银字符牌

大都。次年，元代遣使者去暹国通好。

1294年，暹国王兰甘亨遣使至中国，元成宗遣使臣回访。此后，暹国与元代的关系更为密切。1300年，暹国的兰甘亨第二次来中国，带走不少的陶瓷工匠回国，开创了暹国的陶瓷业。

缅甸古名蒲甘或缅国。1271年，元代遣使奇德托因去缅国通好，缅国遣价博出使元代。1289年左右，缅王的遣使贡纳方物。1296年，缅王又遣其子朝见元成宗。次年，元成宗遣使送缅王之子归国，封其父为缅国王，并赏赐其权臣。

元代在南宋的基础上，继续发展同南海西洋诸国的友好关系。忽必烈曾令唆都等奉玺书10通，招谕南海诸国，占城和位于印度东海岸的马八儿等俱奉表入贡。1279年，马八儿国遣使元代。

南海诸国如马八儿、马兰丹、苏木都剌等，皆遣使元代。元代商人在南海的贸易十分活跃，其中不少人迁居于南海诸岛。

元代时非洲北部最强大的国家是埃及的曼麦流克王朝，元代人称埃及为密昔儿。

曼麦流克王朝大臣乌马里，著有《眼历诸国行记》一书，书中除了记载自成吉思汗的祖先阿兰果火直到元泰定帝也孙铁木儿的简要历史外，阔台后王、察合台后王、术赤后王的情况以及他们与元代的关系等也均有记录。

■ 元成宗 （1265年—1307年），孛儿只斤·铁穆耳，蒙古帝国完泽笃可汗，元朝第二位皇帝。在位期间基本维持守成局面，但滥增赏赐，入不敷出，国库资财匮乏，钞币贬值。

这部书是研究蒙古史和元史的宝贵史料。

元代著名旅行家汪大渊附商船出海，往来于中国、非洲，至数十国，回国后著《岛夷志略》一书，记其所见所亲。其中记载了位于非洲东海岸附近的层拔罗国，即今之桑给巴尔。

摩洛哥人伊本·拔图塔是元代著名旅行家。1341年，元顺帝遣使至印度，君主德里算端派伊本·拔图塔到中国报聘，他于1342年离德里赴中国。1354年伊本·拔图塔自泉州启程回国，口述其旅行经历，由算端派书记官术札伊记录成书。在他的《游记》中记载了元代与海外各国贸易往来的情况，其中有中国的瓷器运销印度及其他海外国家，并转销到摩洛哥的记述。

在有回族人聚居的城市中，如大都、太原等地，都建有清真寺。元代设立管理伊斯兰教徒刑名事务的机构。在元代，伊斯兰教徒与佛、道和基督教徒一样，都享有特许的优免赋役的权利。他们定居各地之后，都在不同程度上接受了汉文化，不少人成为汉文化修养很高的文学家，同时也把中亚的伊斯兰文化传播到我国。

与此同时，大批蒙、汉等各族人迁入中亚和西亚

■ 元代瓷瓶

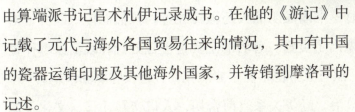

汪大渊 字焕章。南昌人。元代民间航海家。20岁时首次从泉州搭乘商船出海远航，历经海南岛、占城、马六甲、爪哇、苏门答腊、缅甸、印度、波斯、阿拉伯、埃及等，后又历经南洋群岛、波斯湾、红海、非洲的莫桑比克海峡及澳大利亚各地。

元代瓷枕

诸地。当旭烈兀西征时，除大批蒙古军外，曾征调汉人匠师上千人随征，其中包括使用火药的火枪手。

随同旭烈兀西征的有中国天文学家多人。其中一人名包蛮子最为著名，中国的天文推步之术，是由他传授给伊朗的著名天文学家纳速剌丁的。汉人学者李达时、倪克孙参与了伊利汗国丞相拉施特所编纂的世界历史名著《史集》一书。

旭烈兀西征时，中国发明的火药辗转经过阿拉伯而传入欧洲，对世界文明的发展做出了贡献。著名的全真道士丘处机和政治家耶律楚材都曾亲历中亚；旅行家常德奉使于旭烈兀，且远及呼罗珊诸地。

东西方之间政治、经济关系空前密切，人口交互迁移，文化上的交流也因此更为发达。中亚城邦中所习行的理算与商业斡脱组织等制度，都在元代的政治制度、社会生活中产生了影响。一些色目权臣，也多惯于把中亚的统治制度强行推行于汉地，这种情况直至成宗以后才有所改变。

回族的优秀科学成果如医学、天文学等传入中国后，受到元代人民的欢迎。著名的回族天文学家札马鲁丁在 1267年进《万年历》，忽必烈曾一度下令颁行。札马鲁丁又创造了7件西域仪象，用来观测天文，元代为此专设有回族司天台。

札马鲁丁创造的7件天文仪器，一是混天仪，是一种多环相套的仪器，用青铜制造；二是测验周天星曜之器即方位仪；三是春秋分晷影堂，可以往来窥运，侧望漏屋晷影，验度数，以定春秋二分；四是冬夏至晷影堂，以定冬夏二至；五是浑天图即天象仪或天球仪；六是地球仪；七是昼夜时刻之器，是综合日晷、星晷的计时器。

当时一直有许多天文工作者在回族司天台从事天文和历法工作。在这里，天文学家郭守敬利用波斯天象图和演算结果，制造出了自己的仪器，并设计出了自己的日历《授时历》，该日历在稍作修改后在明朝被广泛使用。

回族司天台历经上百年，它书写了天文研究史上的辉煌篇章，永远是人类文明史上光亮的一页。

回族医学颇负盛名。元代在太医院下设广惠司，掌修制御用回族药物及和剂，以疗治诸宿卫及在京孤寒者。叙利亚人、景教徒爱薛是广惠司的创建人。回族药物与验方在当时社会上引起了普遍的重视，在秘

耶律楚材（1190年—1244年），字晋卿，号玉泉老人，法号湛然居士；蒙古名为吾图撒合里。蒙古族。生长于燕京，即今北京。元代政治家。他对成吉思汗及其子孙产生深远影响，他采取的各种措施为元朝的建立奠定基础。

■ 《元史》

■ 郭守敬（1231年—1316年），字若思。生于元朝顺德邢台，即今河北邢台。元朝的天文学家、数学家、水利专家和仪器制造专家。郭守敬修订的新历法《授时历》，是当时世界上最先进的一种精良的历法，通行360多年。

书监中保存有《忒毕医经》13部。

大食人也黑迭儿是出色的建筑工程师，忽必烈时任茶迭儿局诸色人匠总管府达鲁花赤，兼领监宫殿。在大都宫城的设计中，心讲目算，指授肱庹，咸有成画。后与张柔等同行工部事，管领修筑宫城。

尼泊尔著名的绘画雕塑家阿尼哥，受元代帝师八思巴之招，率领匠师80人造黄金塔于吐蕃。后从八思巴入京，以塑绘和工巧著名一时，两都寺观的塑像，多数由他塑造。

制炮家阿老瓦丁和亦思马因是伊利汗阿八哈应忽必烈之命派遣来元代的，他们所造的巨炮即一种投石机，具有强大的摧毁力。元军攻破宋朝的襄阳与常州时，多借此种武器。

蒙古的几次大规模西征和四大汗国的建立，使中国与欧洲交往空前发展。欧洲的贡使、商人、旅行家和传教士络绎东来。其中，马可·波罗以他的游记著称于世。

马可·波罗在其《行纪》中说他曾奉使云南、江南及占城、印度诸地，在扬州做官3年。1291年，忽必烈应伊利汗国的请求，把阔阔真公主嫁给阿鲁浑汗。马可·波罗随同阿鲁浑使臣护送公主，由海道西行。于1292年左右抵达伊利汗国，完成了护送任务。

1295年，根据马可·波罗口述在旅途和在元代定居期间的见闻，整理出版的《马可·波罗行纪》，传播甚广，加强了欧洲人对东方的了解。

鄂多立克是罗马天主教圣方济各会修士，他是继马可波罗之后，来到中国的著名旅行者。鄂多立克著有《鄂多立克东游录》，在欧洲广为流传，为中、西文化交流做出了巨大贡献。

元代也派遣使者去欧洲。中国基督教聂思脱里派修道士、大都人列班·扫马与东胜州人麻古思，决意去耶路撒冷朝圣。他们得到忽必烈的准许，于1278年带圣旨文字随商队西行。抵巴格达后，因战争稽留在伊利汗国境内。

1280年，麻古思被任命为契丹与汪古部的大主教，改名为马儿亚伯剌罕。1281年，因马儿亚伯剌罕

景教 即唐代传入我国的基督教聂斯脱里派，也就是东方亚述教会，起源于今日的叙利亚，被视为最早进入中国的基督教派，成为汉学研究的一个活跃领域。唐朝时曾在长安兴盛一时，并在全国建有"十字寺"，多由非汉族民众所信奉。

■ 郭守敬观星台

元代官吏蜡像

是蒙古人，而被选推为驻巴格达的聂思脱里的总主教，并得到阿八哈汗的核准。

列班·扫马的西行，促使罗马教皇尼古拉派遣传教士约翰·孟德科维诺前来东方联系并进行传教活动。1293年左右，约翰·孟德科维诺渡海来到大都，元成宗接见他，并允许在大都自由传教。

约翰·孟德科维诺在大都皇宫附近兴建了一座教堂，到1305年，先后洗礼人数达6000人。天主教在大都的传播，与约翰·孟德科维诺密切相关。

欧洲诸国通过海路和陆路直接与中国建立联系，多次派使臣、传教士和商人东来；中国也派使臣去欧洲诸国，规模之大，地域之广，超过了中国历史上任何一个朝代。

阅读链接

成吉思汗西征时，曾经将一大批投附的官员、军卒、工匠和驱奴俘虏东来，这些人以后又辗转迁入内地。随后，有大批中亚的商贩和旅行家，沿着东西驿道，络绎东来。

在元代的文献中，把这些人泛称为"回回人""西域人"或"大食人"，统归为"色目人"。

色目人在内地的踪迹遍及城乡各处，但仍保持原有的习俗，往往在一个地方内聚居，并遵循自己的嫁娶丧葬和宗教信仰。这部分人对西方文化在中国的传播起到了积极的作用。

半开国门

明清两代是我国历史上的近世时期。在明清时期，中国社会的发展逐步落后，西方殖民者开始对中国殖民扩张和掠夺。

面对西方殖民者的扩张和掠夺，我国封建统治阶级对外政策由开放交往趋向闭关保守。但这一时期也不乏友好的中外经济文化往来，如郑和下西洋。

大批华侨南下后对南洋的开发和建设做出积极的贡献，西方传教士纷纷来华带来了西方的先进科技，同时又把中国的儒学等思想成果介绍给了西方。

明初万国来朝的外交盛景

元末明初，出身寒微的朱元璋在历史洪流中拔地而起，建立了明王朝。称帝以后，面对经济凋敝，民心浮动的社会现实，朱元璋及时地提出了"修养安息"的基本国策，制定了一系列以睦邻友好为核心的外交政策。

由于明成祖积极开展睦邻友好的外交活动，使数十个国家与明朝保持了良好的外交关系。

明朝前期对外交往活跃，郑和七下南洋，加强了明朝的对外经济文化交流。与郑和相得益彰的是先后5次远赴西域的外交家陈诚。他与郑和一海一陆，共同开创了"万国来朝"的盛景。

 明太祖朱元璋画像

在明朝的对外交流中，郑和七下西洋，为推动历史的进步和当时的社会经济发展做出了重要贡献。

1405年，明成祖朱棣命正使郑和，副使王景弘率士兵2.8万余人出使西洋，造长44丈、宽18丈大船62艘，从苏州刘家河泛海到福建，再由福建五虎门扬帆，先到占城，即今越南中南部地区，后向爪哇方向南航，次年6月在爪哇三宝垄登陆，进行贸易。随后到三佛齐旧港、苏门答腊、满剌加、锡兰、古里等国家。1407年回国。

从1407年至1430年，郑和又前后6次下西洋。在最后一次出航的返航途中，郑和因劳累过度，于1433年在印度西海岸古里去世，船队由太监王景弘率领回到南京。

郑和七下西洋是我国古代历史上最后一件世界性的盛举，此举展示了明朝前期中国国力的强盛，中国的海军纵横大洋，实现了万国朝贡，盛世追迹汉唐。

与郑和七下西洋相比，另一个杰出外交家陈诚，以其坚韧的决心，无畏的斗志，先后5次西出阳关，远赴西域，与郑和共创"万国来朝"的外交盛景。

在当时，建国于今天新疆的"东察合台汗国"可汗黑的儿火者遣使入南京朝见朱元璋，从此正式确立了对明朝的藩属关系。然而东察合台汗国在奏章里对其西部邻国"帖木儿帝国"的描述，却引起了朱元璋的重视。

■ 明成祖（1360年—1424年），朱元璋的第四子。明朝第三位皇帝。他统治期间社会安定、国家富强，后世称这一时期为"永乐盛世"，明成祖也被后世称为永乐大帝。

王景弘 福建漳平人。一般史书记载王景弘参加了第一、二、三、四、七次下西洋，但也有人认为王景弘无役不与。他同郑和一样是我国历史上伟大的航海家、外交家。

郑和下西洋

　　早在1387年，明朝在扫清北元残余势力获得捕鱼儿海大捷后，帖木儿即遣使至南京，尊奉大明王朝为"上国"，但是，根据法国历史学家布里哇的《帖木儿帝国》一书中的记录，"他的终身梦想就是解除对中国的臣服"。

　　鉴于以上情况，朱元璋准备派使节出镇西域，意图加强西北防务，而陈诚则承担了这个任务。

　　1396年冬，陈诚抵达柴达木盆地，招抚当地部落，并在柴达木盆地建立"安定卫""曲先卫""阿端卫"3个军事要地，并请朝廷派遣熟悉农务的官吏，在当地推广中原先进农业生产技术，发展生产。此举令当地游牧部落从此转为定居生活。

　　1413年9月，陈诚第二次出使帖木儿帝国。此次，陈诚走访当地知名宗族，商会，结好驻帖木儿国的各国使臣，更逐一驳斥许多逃到当地的故元遗臣对明朝的歪曲描述。中国使团带来的瓷器、丝绸等精美礼品，更在当地产生了轰动效应。

　　陈诚一行人返归南京后，向朱棣献上记录他出使心得以及中亚各地风貌的著作《西域行程记》和《西域番国志》。

1416年，陈诚率使团三赴西域，这次的主要任务是同西方各国议定每年互派商队的数量，达成贸易协定。

陈诚抵达帖木儿帝国，在与帖木儿帝国愉快达成商贸协议的同时，更赠予沙哈鲁一件他精心准备的礼物，即由明朝宫廷画师精心绘制，画有沙哈鲁进献给永乐皇帝宝马的《奔马图》。

沙哈鲁感动不已，不但热情招待了陈诚一行，更亲手写了一封致朱棣的书信，朱棣回复了一封同样热情洋溢的信件，坦言两国已"相隔虽远，而亲爱愈密，心心相印，如镜对照"。并希望从此后"两国臣民，共享太平安乐之福也"。两位当时东西方最强大帝国君主的通信，诚为"世界和平"的千古美谈。

1418年，陈诚第四次被派往西域出使。这次出使给帖木儿国带来了朱棣特命翻译的中国北魏贾思勰的《齐民要术》和北魏郦道元的《水经注》两部典籍，陈诚更主动与帖木儿国主管农业的官员接洽，详解书中的疑难之处。沙哈鲁还在其王宫里开辟了"试验田"，中国

■郑和下西洋宝船

先进的农业灌溉技术从此在中亚地区广为传播。

　　陈诚归国时携中亚各国回访使团500人返归北京，朝见正筹谋北征蒙古的朱棣。朱棣特意派6000精锐骑兵从肃州开始一路护送。

　　此时北京周边重兵云集，旌旗招展，朱棣允准帖木儿使臣可在当地自由参观，各路部队不可妄加阻拦。更在明军"三千营""五军营""神机营"中挑选精兵，为使臣们表演马术骑射，步兵突击，火器操练等"军事科目"。

　　在历时半年的参观后，临归国前再次觐见，却齐行跪拜礼，叩首触地。帖木儿使团首领阿尔都沙更对朱棣坦诚相告：此次帖木儿国进献的"名马"，乃是沙哈鲁父亲帖木儿南征北战时的"御用坐骑"，素来是帖木儿国的"国宝"，这次进献给朱棣，正是"欲表示最敬之意也"。一番话令朱棣龙颜大悦，下令厚赐。

　　帖木儿使臣归国后，对此次出使的详情记录颇细，近现代西方史学家对明朝军事实力的研究，大多以此为依据。这次出使无疑收到了"不战而屈人之兵"的效果。

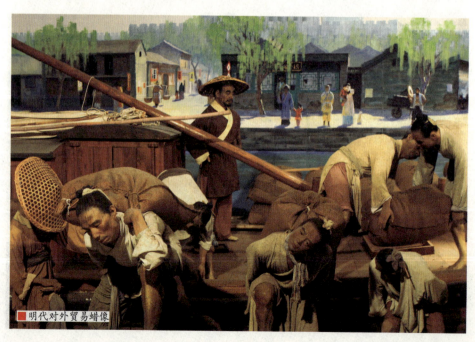

明代对外贸易蜡像

　　1424年1月，陈诚开始筹划他的第五次西域之行。使团于4月出发，5月到达甘肃时，忽传来朱棣病逝的消息，即位的明仁宗朱高炽下诏停止这次出使。陈诚在安抚了哈密、柴达木地区的少数民族部落后，于11月返回北京。

　　此时的明仁宗不务远略，大规模的出使行动遂中止，属于陈诚的舞台也就此结束了。

　　1428年，帖木儿国再派使节出使大明，并热情邀请大明派使节回访，其中坦言帖木儿国王沙哈鲁对陈诚挂念不已，希望大明再派陈诚出使。但最终被明宣宗婉拒。

　　陈诚五出西域，通好外邦，宣示大明国威，确为中世纪中国外交史的重要人物。而在中亚乃至西方，陈诚也声名远播，今天的乌兹别克斯坦、哈萨克斯坦等地，都保留了不少陈诚使团当年出使的遗迹。

　　明朝与葡萄牙也有往来。欧洲进入大航海时代后，葡萄牙人就持

续开拓前往印度、中国的航路，1511年葡萄牙占领马六甲后，就意图在中国建立贸易据点。1513年，葡萄牙国王曼努埃尔一世为想要与明朝通商，派出使节团前往中国。

葡萄牙使节团本来想在广州登陆，但被拒绝入境。他们改以武力占据屯门，与明朝爆发屯门海战、西草湾之战，结果葡萄牙战败。最后明世宗嘉靖皇帝同意入境，并且让葡萄牙人在澳门开设洋行，修建洋房，允许他们每年来广州"越冬"。

这是西方列强第一次正式的登陆中国。在此之后，西班牙、荷兰、英国等欧洲国家相继派使团东来，使得不少西洋事物传入中国。

在与欧洲的交往中，与明朝有深厚关系的是被派到中国的意大利传教士利玛窦。1582年，利玛窦奉命前往中国教区工作。利玛窦在中国很快学会中文，并穿儒服、通儒书，颇得明朝士大夫好感。

后来，利玛窦被举荐到北京，颇得明神宗信任。他向中国进献堪與万国全图、自鸣钟、日晷、西洋大炮、望远镜、火枪、西药、圣母马利亚像、十字架等贡品，先后在北京、肇庆等地展出。

利玛窦不仅传播天主教，还启发徐光启、李之藻等人学习西学。另外他还将中国各种文化传入欧洲，如儒家思想、佛道学说、围棋等，可谓"贯通中西第一人"。

由于明初实施朝贡体制，朝贡贸易薄来厚往，许多日本人冒充朝贡使者来赚取好处。日本实际上是处于割据状态，没有统一的中央政权，很多到中国来冒充朝贡使者的日本人没有日本政府的管辖，朝贡后他们滞留在中国沿海抢劫。这就是明初的倭寇。倭寇逐渐势大，对明朝的海疆构成严重威胁。

为防止倭寇，朱元璋就颁布海禁政策。从此之后，如果要来中国做生意，必须朝贡兼贸易，否则不予，这就是所谓的"朝贡贸易"，兼具有怀柔拉拢周围国家的用途。后来到明世宗时期，彻底实行海禁，断绝对日贸易。直到戚继光等名将力行抗倭，倭寇才被剿清，海疆形势才趋于平静。

阅读链接

陈诚二次出使帖木儿帝国期间，以其优雅的大国使节风范，得到了沙哈鲁的敬重。但沙哈鲁麾下大将阿哈黑却当场发难，指责明朝是驱元而起，素来是蒙古人仇敌，此来不可不防。

陈诚则坦言国家兴亡，在德不在威。接着一一列举元朝遗留旧臣在明朝受到优待的事实，并正告帖木儿国君臣：明朝与帖木儿国的通好，是行德安民之举，若再起争执，只会"祸连贵国苍生"。

有礼有节的应对令帖木儿国君臣上下叹服，阿哈黑当场被沙哈鲁下狱。

清代的中外经济文化交流

清朝在鸦片战争前200年间，执行禁海闭关的政策，并将这一宗旨贯彻始终。但从形式上看，清王朝禁海闭关的时间并不很长，严格的禁闭只有从顺治至康熙年间的30年时间，其他都是部分或临时的。

除此之外，对外交流基本上是开放的。因此，清代对外继续保持着传统的友好关系，通过陆路和海陆与世界各国在经济文化上进行交流。

闭关这一政策对西方殖民者的侵略活动，从一定程度上打击和限制了猖獗的海上走私以及海盗行为。对沿海地区的稳定起到了积极作用。

■康熙皇帝画像

■ 乾隆皇帝（1711年—1799年），名爱新觉罗·弘历，清朝第六位皇帝，定都北京后第四位皇帝，年号乾隆，寓意"天道昌隆"。他25岁登基，在位60年，是我国历史上执政时间最长、年寿最高的皇帝。他文治武功兼修，在发展清朝康乾盛世局面做出了重要贡献，确为一代有为之君。

在清王朝统治初期实行禁海时，英国、荷兰就不断入侵广州和福建沿海，公开或秘密进行贸易。1684年开放海禁以后，清王朝正式在澳门、漳州，即今厦门、宁波和云台山先后设置海关，开放对外贸易。

但西方殖民主义国家并不以此为满足，他们要求扩大和丝、茶产区邻近的厦门和宁波的贸易，甚至企图深入丝、茶产区，建立贸易据点。这不能不引起乾隆帝的警惕，因此清王朝便下令关闭广州以外各口，只许西方商人在广州贸易。

清王朝对出口商品的限禁，首先是出于政治上的原因。火炮、军器是绝对禁止出口的，甚至包括铁锅在内。显然，从军火到铁锅的限禁，都不是出于经济上的考虑，而是着眼于国防的安全，防止外国的侵略。在"尺铁不许出洋"的禁令下，清王朝和世界各国的联系，对外经济贸易和文化交流均有所发展和提高。

我国西部和中亚细亚接壤。清朝统治时期，在塔克拉玛干沙漠南北两侧的两条主要商道上，北路的吉昌，店铺栉比，繁华富庶。南路的莎车，货物堆积，人流很大，成为当时对外贸易的大城市。

我国和西南诸邻国的陆路贸易，也有长久的历史。在西藏，以札什伦布为枢纽，有一条南向的传统国际商道，经不丹以达孟加拉。

在这条商道上，除了尼泊尔、不丹和西藏的直接贸易以外，还有从孟加拉输入的棉花、皮革、烟草、染料、珍珠、珊瑚以及剪刀、眼

玻璃梅花双耳盖罐

镜一类日用品。由西藏输出的，则以岩盐、金砂、硼砂、麝香为大宗。

远离海洋的西藏人，把珍珠、珊瑚看成是"最宝贵的珍饰"，而西藏出产的金砂，经由尼泊尔流入印度，也使尼泊尔享有"黄金之国"的盛名。

在我国和中南半岛上的越南、暹罗与缅甸诸邻国的陆路贸易中，缅甸居于比较重要的地位。从云南的大理到缅甸的八莫，是几个世纪以来传统的商道。尽管在八莫和大理之间横着怒江和澜沧江，道路艰险，但是沿着这条商道的贸易却没有中断过。

到18世纪中叶，中缅发生冲突止，两国之间维持了将近百年的和平局面，贸易也得到相应的发展。这时运载生丝和其他货物到缅甸的商队，常常需用三四百头公牛，有时使用的马达2000匹之多。

清王朝由于中缅战争而封闭了边境贸易，但民间贸易往来并未完全停止。战争经历3年，边境尚有市肆。两国恢复通商后，中缅两国的贸易关系获得了进一步发展。

我国商人在原有的商道以外，又沿着阿瓦河用大船满载丝线、纸张、茶叶、果品以及各项什货，从云南境内运到缅甸京城，回程则载运棉花、食盐、羽毛和黑漆。黑漆运回我国，经过掺和香料加工以后，便成为驰名的商品，这就是"中国油漆"。19世纪初，中缅陆路贸易又有进一步的扩大。

中越之间建立了比较密切的商业联系。清朝初期，闽粤一带人民曾经大量移入越南。当时自北部谅山至中部广义的14省中，都有他们的足迹。18世纪中叶后，广西与越南之间的陆路贸易更加频繁。当时内地赴越南贸易的商民，多从广西平而、水口两关出口。

平而、水口两关商人，在越南之高凭镇牧马庸立市；由村隘来商，在谅山镇之驱驴庸立市。其中驱驴庸地方，为各处货物聚散之所。越南方面，还另在谅山镇属之花山添设店铺，招徕商人。

清代和东方邻国朝鲜的贸易，一向以陆路为主。清朝入关以后，维持定期市易的办法。乾隆时期，会宁、庆源每逢开市，商人云集，我国商人前往会宁市易者，一次可达200余名。市上交易的货物，从药材、纸张、毛皮、麻布到牲畜、农具、食盐、渔产，极一时之盛。

在清代时海上邻国的贸易，包括日本、朝鲜、琉球以及印度以东伊里安岛、菲律宾群岛以西的大片地区。其中马来半岛、苏门答腊以东的南洋地区，海上贸易有比较显著的发展。有些地方则出现相对的衰落。

中国和日本一衣带水，民间很早就有贸易往来。清王朝建立之初，中日之间的贸易，有进一步的增进。当时清王朝为了铸钱币的需要，每年从日本进口大量黄铜，我国输至日本的货物，则以绸缎、丝巾、食糖、药材为大宗。为经营这些贸易而开赴日本的商船迅速增加。

清代和马来半岛之间的海上贸易，有比较显著的发展。我国商人在17世纪的后半期，纷纷从马六甲转向荷兰殖民势力尚未到达的柔佛、槟榔等地，开辟新的

具有西方文化色彩的铜镀金狮子表

■ 清朝皇帝朝服

活动场所。

柔佛在马来半岛的南端。17世纪60年代，这里已成为南洋贸易的一个中心。我国商人从国内运来茶叶、烟草和陶瓷器皿，参加贸易的马来亚人不怕荷兰殖民主义者的报复，也纷纷把当地的产品卖给我国商人。

到了18世纪中期，参加贸易的商人已由广东扩大到福建、浙江等省；参加贸易的商品，也由茶叶、陶器扩大到蚕丝。在柔佛以外，整个半岛东岸的丁机奴、彭亨和吉兰单，通市不绝。

槟榔是马来半岛西岸，马六甲以北的一个小岛。大约是在18世纪80年代，我国侨民和当地的马来亚人

■ 乾清宫

开垦了400英亩以上的土地。这些勤苦而安稳的中国人，从事着几乎所有的手工业和零售商业的绝大部分。

18世纪终了之时，这里的华侨增加到了3000多人，他们中间，有木工、石工、铁工，还有从事种植的工人。他们为开发这个地方，做出了巨大的贡献。华侨开发南洋，产生了深远的历史性影响。

进入19世纪以后，新加坡在马来半岛的商业地位急速上升，取代了马六甲、柔佛、槟榔，而成为南洋贸易的中心。

■ 清代对外贸易的缠枝花卉纹绶带壶

新加坡是我国南海通印度洋必经之地。1824年以后，开往新加坡的我国帆船迅速增加，最多一年达到250多艘。往来于我国和新加坡之间的货物，其价值每次都在200万元以上。这种情形，一直维持到鸦片战争。

清代和暹罗的海上贸易甚为密切。18世纪以至19世纪初，中暹两国民间海上贸易继续得到发展。18世纪初叶，暹罗大米开始输入我国。这适应了清王朝的需要，受到清政府的鼓励。

到了19世纪初，每年开往暹罗的我国商船，达到18艘左右。从暹罗运来我国的货物，有大米、食糖、苏木、槟榔等，我国运往暹罗的，则有生丝、铜器以

暹罗 现东南亚国家泰国的古称。其部分先民原居住在我国云南一带，为逃避蒙古入侵而南下迁居中南半岛。文化受到我国文化和印度文化的影响很大。是信仰佛教的宗教国家。1949年更名"泰国"，意为"自由之国"。

及各项杂品，甚至剃头刀，也从广东进口。

清代和越南的民间海上贸易，主要是居住在这里的华侨进行的。他们经营从宁波、厦门等地运来的茶叶、生丝、药材、纸张、布匹、瓷器和铜器等，有时还从日本运来货物，在这里行销。同时又把越南的货物，如象牙、槟榔、胡椒、燕窝、藤黄、牛角以及黄金等，运回我国。

进入19世纪以后，两国民间贸易，发展迅速。19世纪30年代，开往越南的清代商船，每年都在百艘以上，共达2万多吨。一直到西方殖民主义势力侵占越南之前，中越贸易维持着顺利的发展。

在苏门答腊和伊里安岛之间的南洋群岛，是我国商人海外贸易活动的主要地区。在这一片广大的海域中，几乎每一座岛上都有过我国商人的踪迹。其中苏门答腊、爪哇和加里曼丹，是3个贸易集中地。

我国和菲律宾的民间贸易往来，长期维持友好的关系。菲律宾的华侨经济，也不顾西班牙殖民主义者的阻禁，仍然得到一定的发展。

我国丝绸不仅为菲律宾人所喜爱，而且通过菲律宾，远航到墨西哥，受到广泛的欢迎。18世纪40年代，菲律宾的华侨已经达到4万人。在马尼拉的华侨区"巴里安"里，几条街上都有我国商人贩卖丝绸、瓷器和其他商品的大商店。

清朝政府在鸦片战争之前，随着清代与世界各国经济贸易的发展，各国之间的联系日益密切，清代的对外文化交流也不断进展。

汉字文化圈中的日本、朝鲜、越南三国与清朝的文人学者之间在文字上的往来与友谊，留下了不少佳话。清朝的医生、画家们东渡日本，日本人的汉诗和有关我国古典的研究，受到清朝学者称赞。

越南著名文学家阮攸长于汉诗，他用字喃所著，至今家喻户晓的长诗《金云翘传》，渊源于我国的同名小说。

大批华侨把我国的种植和手工业技术以及生活习俗等带到东南亚，在那里生根开花。

《三国演义》等著名古典小说，经华侨传入泰国，译成泰语，至今受到泰国人民的广泛喜爱。

在欧洲，启蒙运动者初步接触儒家学说，对于孔子伦理道德的主张和重视教育的思想，以及儒家的自

字喃 越南主体民族京族曾经使用过的文字。越南在长期使用汉字的同时，就假借汉字和仿效汉字结构原理和方法，依据京语的读音，创造了这种文字。6世纪开始盛行。后来被拼音文字"国语字"所取代。

■ 对外贸易的普洱茶茶砖

魏源雕像

然观和政治理想，如大一统及仁君统治等，都感到有巨大吸引力，极为推崇，并力求为其所用。

早已为朝鲜、越南所仿效的以考试选拔官吏的方式，18世纪末法国开始采用，以后英国继之，成为沿袭至今的文官考试制度。

欧洲东来的传教士汤若望、南怀仁等，受到清政府重视，命外国人管理钦天监。还有的教士从事绘画、园林建筑等，圆明园是他们融会了法国、意大利及东方园林艺术特征的精心之作，其"万园之园"之称，象征着东西文化交流的最高结晶。

到了鸦片战争以后，启蒙思想家魏源等突破传统观念，开始萌发向西方学习的新思潮。及至洋务派提出"中学为体，西学为用"，则为西学的传入提供了更多条件。

阅读链接

清代文化外传时，德国诗人、自然科学家、文艺理论家和政治人物歌德接触了中国的艺术、文化和历史。在歌德的诗文中可以找到很多关于中国艺术的评论。

例如他在《罗马教皇的地毯》中写道："地毯上的针线代替了准绳和锡棒，一切艺术与技术最初都是从这种风格开始的；以同样方式做成的宝贵的中国地毯就在我们的眼前。"

歌德接触过极其有限的中国文学作品，便颇为倾倒地说："他们开始创作的时候，我们的祖先还在树林里生活呢！"